成渝地区双城经济圈高质量发展研究丛书

四川省2021—2022年度重点图书出版规划项目

成渝地区双城经济圈
高质量发展路径研究

CHENG-YU DIQU SHUANGCHENG
JINGJIQUAN GAOZHILIANG FAZHAN LUJING YANJIU

熊　玲　王舒鹤　贺培科　著

西南财经大学出版社
SWUFEP
中国・成都

图书在版编目(CIP)数据

成渝地区双城经济圈高质量发展路径研究/熊玲,王舒鹤,贺培科著.—成都:
西南财经大学出版社,2022.11
ISBN 978-7-5504-5208-4

Ⅰ.①成…　Ⅱ.①熊…②王…③贺…　Ⅲ.①区域经济发展—研究—成都
②区域经济发展—研究—重庆　Ⅳ.①F127.711②F127.719

中国版本图书馆 CIP 数据核字(2021)第 240897 号

成渝地区双城经济圈高质量发展路径研究
熊　玲　王舒鹤　贺培科　著

策划编辑:陆昱臻
责任编辑:廖　韧
助理编辑:马安妮
责任校对:植　苗
封面设计:墨创文化
责任印制:朱曼丽

出版发行	西南财经大学出版社(四川省成都市光华村街 55 号)
网　　址	http://cbs.swufe.edu.cn
电子邮件	bookcj@swufe.edu.cn
邮政编码	610074
电　　话	028-87353785
照　　排	四川胜翔数码印务设计有限公司
印　　刷	郫县犀浦印刷厂
成品尺寸	170mm×240mm
印　　张	8.75
字　　数	210 千字
版　　次	2022 年 11 月第 1 版
印　　次	2022 年 11 月第 1 次印刷
书　　号	ISBN 978-7-5504-5208-4
定　　价	58.00 元

前　言

城市群已经成为各个国家参与全球竞争与国际产业链分工的重要地域单元。纵观全球，北美五大湖城市群、日本太平洋沿岸城市群、英伦城市群及欧洲西北部城市群，无不彰显其引领国家和地区经济发展的核心集聚力量。作为全球第二大经济体，中国正在构建以京津冀城市群、长三角都市圈、粤港澳大湾区与成渝地区双城经济圈为增长极的空间单元，积极发挥其引领全国经济发展的龙头作用。

我国人口基数庞大，区域发展不平衡，人地矛盾突出。人民日益增长的美好生活需要和不平衡不充分的发展之间的矛盾已经成为我国社会主要矛盾，实现经济高质量发展则是破解这一矛盾的重要路径。当前，我国在政策层面上基本确定以“19+2 城市群”为新型城镇化主体形态。对城市群与经济圈高质量发展的研究将成为学界研究的重要方向之一。本书选取成渝地区双城经济圈为研究对象，研究其实现高质量发展的路径，正是因为该地区同时存在发展不充分与发展不平衡两大问题。本书对成渝地区双城经济圈高质量发展路径进行探索，希冀为破解我国西部地区发展不充分、不平衡问题寻找答案。

与京津冀城市群、长三角都市圈、粤港澳大湾区相比，成渝地区双城经济圈在发展阶段、中心城市的经济集聚能级、经济腹地的地均生产总值、国际影响力等方面都存在明显短板，这是发展不充分的外在表现。此外，成渝地区双城经济圈内部发展不平衡的问题十分突出。两大中心城市重庆与成都的经济发展水平已经跻身全国前列，但是其经济腹地的发展还不成熟，远未建立起合理的城镇规模体系。成渝地区双城经济圈的中心城市与非中心城市尚未实现协调发展，从而制约了整个经济圈的高质量发展。基于以上因素，本书重点讨论了成渝地区双城经济圈产业、空间以及协调机制“三维一体”下的高质量发展路径，以期为成渝地区双城经济圈高质量发展提供科学的决策依据。

本书共分为九章。第一章是绪论；第二章是国内外研究综述及相关概念辨析，对城市群的发展历史、空间结构和经济增长动力的相关文献进行归纳，并辨析了城市群和都市圈的区别；第三章是成渝地区双城经济圈高质量发展的内涵、现实条件与目标分析，对该地区高质量发展进行分析与判断；第四章是成渝地区双城经济圈的形成与特征分析；第五章是基于产业集群的成渝地区双城经济圈产业高质量发展，第六章是基于空间优化的成渝地区双城经济圈空间高质量发展，第七章是基于协调机制的成渝地区双城经济圈高质量发展，这三章分别从产业集群、空间优化和协调机制的角度探究成渝地区双城经济圈高质量发展的路径；第八章是加快推进成德眉资同城化建设，以成德眉资同城化为典型案例，展现成渝地区双城经济圈高质量发展的现状；第九章是结论与展望。本书第一、二、三章的作者为王舒鹤，第五、六章的作者为熊玲，第四、七、八、九章的作者为贺培科。

由于本书作者知识结构有限，书中难免存在不足之处，欢迎大家予以批评指正。

熊玲

2022 年 5 月

目　录

第一章　绪论

第一节　研究背景与意义

一、研究背景

城市群作为人口密集与产业聚集的地域空间，是经济发展到一定阶段的重要标志，是支撑一国经济发展的动力引擎和核心增长极，在经济发展中居于核心地位。不同规模等级的大中小城镇在空间上集聚，衍生出城市群。已有文献发现，供应商联系、劳动力共享、技术外溢等使经济活动在空间集中，在市场机制作用下，生产要素的空间集聚和城市间内在分工与合作的增强形成城市群①。“以城市群为主体构建大中小城市和小城镇协调发展的城镇格局”，是党的十九大报告提出实施区域协调发展战略的新部署。

在新时代高质量发展的背景下，我国逐步迈入高质量发展阶段，不再仅仅注重数量，而是要在结构、效益、动力和分配上变得更好。面对百年未有之大变局，中国要实施创新驱动发展战略，建设现代化经济体系，就要将城市群建设成高质量发展的承载体系。坚持以城市群为国家新型城镇化推进的主体形态，是党的十九大以来党中央、国务院对中国的新型城镇化进程做出的最新战略部署和思考，突出其在全国经济高质量发展中的示范作用，进而增强其在世界范围内的综合竞争力。中国现有四个国家级城市群，分别是京津冀城市群、长三角城市群、粤港澳大湾区和成渝地区双城经济圈。这四大城市群的前三个都分布在中国沿海地区，成渝地区双城经济圈是唯一的内陆城市群。当前，面临纷繁复杂的国际形势，我国提出了形成国内国际双循环相互促进的新发展格局，这要求加大力度挖掘内需，成渝地区双城经济圈地处中国西部，具有重要

① 马歇尔. 经济学原理［M］. 志英，译. 北京：中华工商联合出版社，2017：148.

的战略地位。

成渝地区双城经济圈是我国西部的增长极之一，虽然与东部发达地区的差距仍然很大，但从城镇化水平、人口密集程度、综合实力等方面来说都是相对发达的，是我国重要的生产要素集聚区。成渝地区双城经济圈以重庆、成都为中心，是西部大开发和长江经济带的重要交会点，也是国家推进城乡融合的重要示范区。成渝地区双城经济圈具体范围包括重庆市的渝中、万州、黔江、涪陵、大渡口、江北、沙坪坝、九龙坡、南岸、北碚、綦江、大足、渝北、巴南、长寿、江津、合川、永川、南川、潼南、铜梁、荣昌、璧山、梁平、丰都、垫江、忠县 27 个区（县）以及开州、云阳的部分地区；四川省的成都、自贡、泸州、德阳、绵阳（除北川县、平武县）、遂宁、内江、乐山、南充、眉山、宜宾、广安、达州（除万源市）、雅安（除天全县、宝兴县）、资阳 15 个市，总面积 18.5 万平方千米。成渝地区双城经济圈的发展不仅与西部地区的发展密切相关，更关系到国家优化经济布局、增强经济安全稳定的全局性战略性问题，在中华民族伟大复兴的历史进程中具有重要意义。培育发展成渝地区双城经济圈，发挥其地域区位上的独特优势，共建“一带一路”，带动西部地区发展、培养新的经济增长空间；同时其作为西部的开放平台，有利于保障国土安全、优化国土布局。

2018 年 11 月，中共中央、国务院明确要求以重庆、成都为中心，引领成渝城市群（书中涉及 2020 年以前的内容，仍沿用“成渝城市群”这一称谓）发展，带动相关板块融合发展。2020 年 1 月 3 日，中央财经委员会第六次会议召开，会上研究了推动成渝地区双城经济圈建设问题，提出在西部形成高质量发展的重要增长极；指出要强化重庆和成都的核心城市带动作用，使成渝地区成为具有全国影响力的重要经济中心、科技创新中心、改革开放新高地、高品质生活宜居地，助推高质量发展。成渝地区双城经济圈正式形成，作为城市群进行相关的改革和发展。

二、研究意义

本书着眼于解决城市群高质量发展的现实问题，基于新时代背景与新型城镇化的内在理论关联，以成渝地区双城经济圈为研究对象，构建中国新型城镇化理论与高质量发展理论融合的新的理论研究框架。本书从城市群角度，来思考和把握中国特色新型城镇化进程在新时代所面临的一系列新的理论问题，着力破解在新发展阶段的城市集聚效应与扩散效应的均衡点把控问题、城市间既竞争又分工协作的问题等。不等同于城市群内某一个或几个城市的高质量发展，城市群的高质量发展更强调城市群内部各城市之间的协同发展。率先实现高质量发展的城市要发挥对周边城市以及城镇连绵带的经济带动作用。城市群内城市之间要构建合理的产业分工体系，实现产业协同集聚发展，做大城市群产业规模、提升产业创新能力、加强城市间合理的产业协作以及生态环境与经济效益的协调。

本书将区域协调发展理论与城市经济理论融合，有助于探寻区域协调发展国家战略的理论突破口。本书立足成渝地区双城经济圈的高质量发展，着力破解基础设施互联互通、公共服务共建共享等一系列问题，以及更深层次的城市合作机制和规划协调机制的构建问题，从而在城市群范围内来解决区域协调问题，寻找到强化核心城市与周边地区协调发展的路径。本书在新理论框架下，探讨如何通过城市群高质量发展构建大中小城市和小城镇协调发展的城镇格局。

本书将增长极理论、空间经济学、城市经济学、发展经济学等相关理论与中国实际相结合，从产业和空间维度探索现有理论在中国西部地区城镇化和城市群发展中的经验证据，从差异化视角提出不同层级、不同类型城市群的发展路径。

本书提出，成渝地区双城经济圈高质量发展要注重经济发展的协调性，着力提升城市群产业发展的社会效益和环境效益、城市群公共服务一体化等内容，着力构建城市群基础设施互联互通、生态环境共保共治、公共服务共建共享等战略协调机制，最终通过城市群绿色发展、一体化发展更好地解决城市民生发展的不平衡不充分问题。

第二节　研究结构与内容

历经 40 多年的改革开放，我国形成了 19 个城市群的雏形，但是当前城市群发展仍存在不少突出问题，城市群发展不充分不均衡。如：中国城市群单体城市格局明显，城市共同体构建尚未完成①；城市群内部各城市间行政区划壁垒使城市间的互联互通无法实现，长期以来“以邻为壑”的市场分割现象在中国一直较为普遍②；等等。本书以问题为导向，研究成渝地区双城经济圈发展中诸多问

① 刘士林. 关于我国城市群规划建设的若干重要问题 [J]. 江苏社会科学. 2015 (5): 30-38.

② 范欣，宋冬林，赵新宇. 基础设施建设打破了国内市场分割吗? [J]. 经济研究，2017 (2): 22-36.

题产生的原因；以目标为导向，以实现成渝地区双城经济圈高质量发展为目标，研究成渝地区双城经济圈如何通过产业协同集聚和空间优化实现高质量发展，如何通过构建不同城市间的协调机制实现城市群内部城市的协调发展。城市群高质量发展的内涵是什么，成渝地区双城经济圈面临什么样的发展环境，如何有效实现成渝地区双城经济圈高质量发展等，均是本书研究的主要内容。

本书的研究结构如图 1-1 所示。

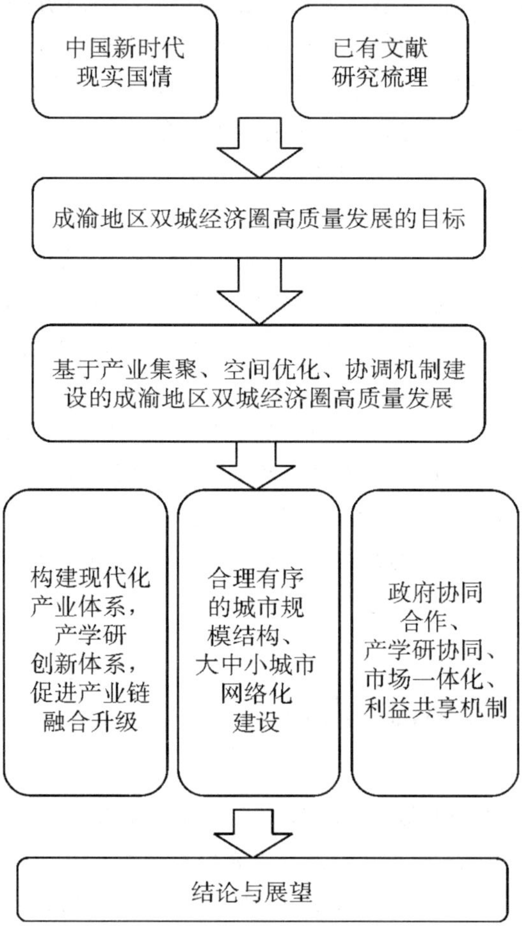

图 1-1　本书研究框架

本书首先以新时代为背景，结合已有文献，在完善新型城镇化战略、构建国内国际双循环相互促进的新发展格局、推进西部大开发形成新格局以及推进"一带一路"建设的背景下，确定成渝地区双城经济圈高质量发展的内涵与目标。在此基础上，本书对成渝地区双城经济圈的演化做了六阶段的梳理，从城市的扩展到成渝地区双城经济圈的产生到城市群的孕育，做了完整的阶段划分，这为客观认识成渝地区双城经济圈的发展历程，进而分析其面临的机遇与挑战提供了研究基础。

本书重点研究成渝地区双城经济圈高质量发展的产业协同集聚，构建现代化产业体系的路径措施。本书为成渝地区双城经济圈贯彻新发展理念、建设现代化经济体系提供可操作的具体方案。城镇化是引领中国过去高速增长的核心动力，以城市群为主体的新型城镇化将主导中国未来的经济高质量发展。本书结合中国经济高质量发展的要求和新型城镇化发展趋势，把建设现代化经济体系作为城市群高质量发展的重要内容。

本书重点研究成渝地区双城经济圈高质量发展的空间优化措施。本书针对成渝地区双城经济圈典型的双核式空间结构和城市规模分布参差的情况，提出了大中小城市协同发展、发挥双核作用以及发挥政府的领导作用等优化措施，全面推动城市群成为推进新型城镇化的主体形态和吸纳新增城镇人口的核心载体。

城市群协调发展是随着产业、空间、制度的发展动态稳定的，我们不仅要从产业和空间层面推进高质量发展，还需要提供一个全面的协调发展机制。本书总结借鉴已有关于城市群协调发展机制的研究成果，从协调发展的动力机制（市场机制、规划协调体系、国家政策引导等）、运行机制（高层级城市群协调机制、利益协调机制、多元主体参与治理模式等）、保障机制（环境治理合作机制、基础设施保障机制、公共服务共享机制、法律法规保障机制等）等方面构建成渝地区双城经济圈高质量发展协调机制的框架。本书分析了成渝地区双城经济圈的发展脉络及趋势，结合国内长三角城市群与国外世界级城市群的成功经验，综合提出成渝地区双城经济圈高质量发展协调机制建设的内容，即既要注重资本、技术、劳动力等生产要素的市场化选择行为，也要通过政府行为加强顶层设计，协调基础设施和城市承载力等建设，构建起促进成渝地区双城经济圈高质量发展的协调机制。

本书最后为成渝地区双城经济圈高质量发展做出了展望。

第二章　国内外研究综述及相关概念辨析

第一节　有关城市群的定义及发展内涵的研究

在国外，城市群的概念和内涵经历了“城市组群—集合城市—大都市带”的演变。Howard E. 提出了 Town Cluster（城镇集群）这个概念，即城市和周边的乡村组成了一个城镇群体①。1915 年，Geddes P. 提出 Conurbation（城市群区域、组合城市或集合城市），指的是城市和城市之间出现重叠的区域，这些区域受多个不同城市影响；他还特别强调在这个区域里面，并不存在中心②。Christaller W. 提出中心地理论，这个理论按照“城市的系统”的思路给予城市群更加明确的定义，指出在一个地区或国家，应该由 1 个 A 级城市、2 个 B 级城市以及少量的 C 级城市和大量的 D 级、E 级城市构成一个城市体系③。二战结束后，世界各国社会经济逐渐复苏并飞速发展，越来越多的科学技术开始被引入城市群的研究中，并且取得一系列突破。20 世纪中叶，西方发达资本主义国家发达的交通运输网使城市之间的交流能够扩展到更多的区域。Gottman J. 提出了 Megalopolis（大都市带），是指有密切联系的都市所组成的区域④。Duncan O. D. 首次提出了 urban system（城市体系）的概念，指

---

① 霍华德. 明日的田园城市［M］. 金经元，译. 北京：商务印书馆，2000.

② GEDDES P. Cities in evolution: an introduction to the town-planning movement and the study of cities［M］. London: Williams and Nor-gate, 1915.

③ CHRISTALLER W. Central places in southern Germany［M］. Englewood: Prentice-Hall, 1966.

④ GOTTMANN J. Megalopolis or the urbanization of the northeastern seaboard［J］. Economic Geography, 1957, 33 (3): 189-200.

的是距离较近且联系较密切城市组成的一个系统①。

中国学者也结合中国的国情提出了类似的概念，经历了“都市连绵区—大都市区（都市圈）—城市群”的演变。于洪俊和宁越敏提出了“巨大城市带”的概念②，其指的是常住人口在2 500万人以上，产业和生活方式现代化，各地域之间相互渗透蔓延的城市整体。孙胤社判断大都市区的形成动力来自国家工业化过程产生的扩散效应和非农产业的发展形成的劳动力转移③。姚士谋等借鉴“物以类聚，人以群分”的理念首次使用“城市群”命名中国大尺度的城市密集地域④。戴宾认为，构成城市群的基本空间构架既可能是由以一两个超大或特大城市为核心的若干城市组成，也可能是由多个规模相近的大中城市组成⑤。方创琳提出了包括核心城市、人口规模、经济密度等指标在内的十大判别标准⑥。马燕坤和肖金成定义了都市圈，指出都市圈以大都市为前提，有一到两个核心城市，形成产业链上下游联系和市场联系⑦。

第二节　都市圈与城市群的概念辨析

一、城市群与都市圈的城镇化形态各异

根据国家发展和改革委员会发布的《关于培育发展现代化都市圈的指导意见》，“城市群是新型城镇化主体形态，是支撑全国经济增长、促进区域协调发展、参与国际竞争合作的重要平台”；而“都市圈是城市群内部以超大特大城市或辐射带动功能强的大城市为中心、以1小时通勤圈为基本范围的城镇

---

① DUNCAN O D. Metropolis and region［M］. Baltimore：Johns Hopkins Press，1965.

② 于洪俊，宁越敏. 城市地理概论［M］. 合肥：安徽科学出版社，1983：314-324.

③ 孙胤社. 大都市区的形成机制及其定界：以北京为例［J］. 地理学报，1992（6）：552-560.

④ 姚士谋，陈振光，朱英明. 中国城市群［M］. 2版. 合肥：中国科学技术大学出版社，2006.

⑤ 戴宾. 城市群及其相关概念辨析［J］. 财经科学，2004（6）：101-103.

⑥ 方创琳. 城市群空间范围识别标准的研究进展与基本判断［J］. 城市规划学刊，2009（4）：1-6.

⑦ 马燕坤，肖金成. 都市区、都市圈与城市群的概念界定及其比较分析［J］. 经济与管理，2020，34（1）：18-26.

化空间形态”①。显然，都市圈在体量和层级上，要低于城市群②。

从唯物史观视角来看，城市群的出现是一个“点—线—面”的动态过程。首先，是城市作为区域发展的中心，通过极化效应集中了周边区域的大量资源，获得快速发展。其次，这个“点”不断扩大，会对周边区域产生辐射带动效应，产生“线”。最后，这条“线”与周边区域开始有频繁的经济交流，将各种“点”相连接，形成经济区域，即城市圈或都市圈，也就是“面”。在城市规模不断扩大的过程中，随着城际交通条件的改善提升，都市圈再次变为一个“点”，城市之间的经济联系变成了都市圈之间的联系，最终成为一个“网络”，此时可以认为形成了城市群。

一般来说，区域内有 3 个以上的城市就能够形成城市群，但是在实践中能否成为城市群的关键在于区域空间范围的大小和城市间联系程度的高低，所以城市群的空间范围和城市数量并无具体和严格的要求③。城市群有不同的等级规模，其空间范围、城市数量和发展质量主要受到资源禀赋、区位条件、交通网络、经济发展、制度和文化等因素的影响。具体来说，资源禀赋好、区位条件优、交通网络佳、经济发展强、制度和文化相通的城市之间，更容易形成城市群，并且上述条件具备得越多，城市群内的空间范围会越大，城市数量会越多。基于这一分析，就我国而言，由于东部地区在自然资源、地理条件、区位交通、经济水平上都明显比西部地区更有优势，所以东部地区更容易形成规模更大、联系更紧密的城市群。事实也的确如此，京津冀城市群、长三角城市群和粤港澳大湾区都已经成为我国甚至世界一流的城市群。西部地区目前仅有成渝地区双城经济圈有希望跻身“四极”，这也正是因为四川、重庆的地理条件相对优渥，经济发展状况相对较好，以及历史文化更相似，所以有条件形成城市群。

二、城市群与都市圈的不同特性

从上面的论述可以看出，都市圈是指依托和围绕特大城市与周边规模较小的城市形成的空间布局形态，城市群是指在一定空间范围内分布的不同数量和规模的城市形成的空间布局形态和城市化载体。二者最大的区别在于，都市圈

---

① 国家发展改革委关于培育发展现代化都市圈的指导意见［EB/OL］.（2019-02-21）［2020-09-21］. http：//www. gov. cn/xinwen/2019-02/21/content_ 5367465. htm.

② 徐冰. “都市圈”时代来临，它与“城市群”有啥不一样？［EB/OL］.（2019-03-01）［2020-09-21］. https：//baijiahao. baidu. com/s? id=1626753667277212449&wfr=spider&for=pc.

③ 高国力. 我国城市群建设的战略构想［N］. 经济日报，2013-02-01（15）.

里特大城市保持多方面的绝对优势地位，周边其他规模较小的城市基本都依赖和附属于特大城市；而城市群一般会有不同规模的城市，这些城市各司其职，相互影响，相互联系，呈现出各自相对独立的特性①。从这个角度来说，都市圈和城市群既有可能是完全不同的概念，都市圈又有可能演化或者构成城市群。我国目前具备发展都市圈特性的特大城市仅有北京、上海、广州，但是基于我国人口规模大且分布不均、城镇化速度快、区域发展不平衡的基本国情，今后我国不仅需要从发展特大城市入手发展更多的都市圈，还需要培养更多由空间条件优良的大中小城市共同组成的城市群，来带动我国区域经济的高质量发展。

当然，城市群的形成和发展相比于都市圈而言更困难，城市群的形成不是若干城市简单地进行空间组合或拼凑，更重要的是强调城市间基础设施的无缝对接、资源的高效配置、要素的自由流动、产业关联的配套、公共服务均等化，继而形成具有规模效应、集聚效应和协同效应的城市群。但从我国国情来看，要实现这个目标，还存在非常多的阻碍：一是城市间的行政壁垒。由于我国城市间长期存在竞争关系，打破区域壁垒实现要素自由流动和资源高效配置并不容易，甚至牵扯多方利益。二是城市间的基础设施建设不健全。即使城市间的行政壁垒可以打破，城市间诸如交通这样的基础设施无法配套的话，也是无法实现要素的高效流动的。这一点在西部地区表现得很明显，很多城市间甚至没有通高铁，通达度较低。三是城市自身的规模和功能太小。城市群的形成并不容易，内部各个规模的城市都要达到一定水平之后才有可能朝着城市群方向发展。目前我国陆续确定 19 个城市群，但从目前的发展来看，大部分城市群并不能在经济发展和人口规模上达到要求，西部很多城市没办法发挥带动作用。四是城市群的发展基础薄弱。城市群的培育发展必须充分考虑资源环境承载要素，“没有自然界，没有感性的外部世界，工人什么也不能创造”②。这是地区人口规模扩大、产业选择和城市数量增加的基础和需要。除此之外，还要考虑地区的历史和文化影响。

① 高国力. 我国城市群建设的战略构想 [N]. 经济日报，2013-02-01 (15).
② 马克思恩格斯全集：第一卷 [M]. 北京：人民出版社，1979：607.

第三节　有关城市群及都市圈空间结构的研究

一、城市群空间结构演变的研究

随着“流空间”中的要素流动的畅通，城市群空间结构理论经历了由分散到网络化，单中心到多中心的历史演变过程①，即“点—线—面—网络”的发展，最终形成了较为成熟的多中心网络化空间结构。

首先，不同规模等级的城市“节点”是城市群地域结构的最初形态②。城市群发展的初期，网络化还没有形成，城市的空间位置分散。某些城市，或许是因为技术创新的原因率先产生虹吸效应，一举发展成为区域中的核心城市，然后整个地区形成一个单中心的城市结构③。区位理论、中心地理论，以及循环累积因果关系理论都为单中心空间结构的出现提供了理论解释④。20 世纪 40 年代，有学者开始否定一城独大的发展模式，认为多中心才能实现齐头并进，共同发展⑤。Friedman J. R. 认为进入工业化发展阶段，随着核心城市中产业生存成本的不断攀升，城市中心产业会向外迁移，进而在城市边缘出现新的增长极，于是形成多中心空间结构⑥，传统的单中心发展模式将会随着城市群的发展而被淘汰⑦。由于不同国家和地区的现实条件不同，学者们探讨的多核心城市群的形成机理就会表现出一定的差异，比如欧洲，其多核心城市群的形成路径更多表现为，在欧盟的推动下，地理邻近且联系紧密的中小城市逐步实现功能一体化的过程⑧，而美国多中心城市群的形成主要源自去中心化的各

---

① 薛普文. 区域经济成长与区域结构的演变［J］. 地理科学，1988（4）：379-384.

② 李依浓. 交通引导下的城市群空间组织研究：以辽中南城市群为例［D］. 长春：东北师范大学，2007.

③ 姚常成. 多中心空间结构视角下新时代中国城市群的协调发展研究［D］. 长春：吉林大学，2019：21.

④ HARRIS C D，ULLMAN E L. The nature of cities［M］//MAYER H M，KOHN C F. Readings in geography. Chicago：University of Chicago Press，1945：281-287.

⑤ FRIEDMAN J R. Regional development policy：a case study of Venezuela［M］. Cambridge：MIT Press，1966.

⑥ FISHMAN R. America's new city［J］. The Wilson Quaterly，1990（14）：24-48.

⑦ MEIJERS E J. Metropolitan labor productivity and urban spatial structure［J］. Springer Berlin Heidelberg，2013（11）：141-166.

⑧ 藤田昌久，克鲁格曼，维纳布尔斯. 空间经济学：城市、区域与国际贸易［M］. 梁琦，译. 北京：中国人民大学出版社，2011.

种经济活动[①]。尽管发展到多中心空间结构后，城市间有了联系，形成了一定的网络，但就整个区域和扩散效应的程度而言，城市间的紧密度不高，集聚效应依旧占据主导地位[②]，网络化程度较低。

其次，连接各“节点”的线状交通设施及综合交通走廊所形成的不同级别的城市发展轴，既是城市群内“流”的传输线，又是城市群地域结构的骨架。在城市群多条城市发展轴的基础上，多条轴间的发展空间被逐步填充而形成地域结构单元——“生长面”[③]，也就是都市圈，此时网络化空间结构初步形成，从形态上大致可以分为极核网络化发展模式、双子座网络化模式和走廊发展型网络化模式[④]。具体来看，其一，极核网络化发展模式，主要表现在极核型城市与所在国家或地区所有的网络联系，都是一流水平设施、一流的管理体系。所有一流人才及其活动都集中在一个区域内的核心城市里，极强的虹吸效应使得周边城市和其产生紧密的联系。它一般是以特大城市为中心，由区域内其他大中小城市、郊区工业点、县城共同构成有机联系的城市群体系。其二，双子座网络化模式是在许多城市群的区域内，有一对城市无论是在经济发展、区位条件、城市规模与吸引强度，甚至在区域中所起的作用和定位都相差无几，在整个形成发展过程中始终起到“双中心作用”。从地区布局的特征分析，双中心城市间相互依存，又相互制约，尤其体现在行政与经济职能中，区域原材料、能源供求关系和商品交换等的联系是密切不可分的[⑤]。其三，走廊发展型网络化模式主要是指其发展的形状呈现纵轴发展。因为我国众多的城市是沿着交通走廊轴线形成与发展的，并逐渐演变成城市群体或城市发展地带，另外也有一些地区是由地形特别是沿山地形所致，所以走廊发展型网络化空间结构是我国城市群主要的发展模式之一。但长三角城市群、粤港澳大湾区和京津冀城市群这三个发展较好的城市群均不是走廊型。

最后，随着经济发展和交通设施的完善，城市发展轴将进一步延伸发展，形成城市发展“轴—生长面”。这次进化所产生的“生长面”地域结构单元规

---

① LEE B. “Edge” or “edgeless” cities? Urban spatial structure in U. S. metrolitan areas, 1980 to 2000 [J]. Journal of Regional Science, 2007, 47 (3): 479-515.

② 张明斗，王雅莉. 城市网络化发展的空间格局演变与结构体系研究 [J]. 城市发展研究，2018, 25 (2): 55-60.

③ 侯天琛. 中原城市群空间一体化的形成机制和发展布局 [D]. 开封：河南大学，2006.

④ 年福华，姚士谋，陈振光. 试论城市群区域内的网络化组织 [J]. 地理科学，2002, 22 (5): 568-573.

⑤ 年福华，姚士谋，陈振光. 试论城市群区域内的网络化组织 [J]. 地理科学，2002, 22 (5): 568-573.

模更大，空间功能组织更合理，空间组合更复杂，城市间交流更加紧密，且每个层级的城市都能参与到网络中[①]，从而最终形成城市群网络化发展的高级形态——多中心网络化空间结构，这也被认为是大城市群发展到成熟阶段最为合理的空间结构[②]。进入21世纪，随着学者们对城市群多中心空间结构认可的提高，霍尔进一步将多核心城市结构分为形态多中心与功能多中心[③]。形态多中心是一种比较显而易见的形态，基于之前的历史发展与长期的政策，大多数拥有行政上的优势的城市比较容易拥有这种核心地位，所以形态多中心是指区域内在人口、经济表现和行政地位上都在城市群内处于核心地位。功能多中心则是基于功能联系的需要而在地理上发生连接，进而形成多核心城市网络的过程[④⑤]。它更加强调各核心城市的相对重要性，即在多大程度上通过信息流、物流、人流等与外部城市产生协作来实现其中心地位[⑥]，从而产生多中心网络化空间结构。例如，城市群中有些城市因为临江临港所以在交通中成为中心城市；再如，一些城市成为商贸中心、信息中心。形态中心和功能中心可能重合。韦亚平和赵民推论出多中心网络化空间结构形成的必要条件：存在大量未被开发的土地，大的开发机构或企业促使工人大规模迁移，这种机构或企业将透过市场机制做出何时、何地进行新城开发的判断[⑦]；城市的自然地理条件分布不均，必须要进行集中开发；周边存在着其他的城市（镇），核心城市建成区的外延发展与它们逐步连接起来[⑧]。国际大都市区域发展的经验同样表明，主要的世界城市区域，如伦敦大都市圈、巴黎大都市圈、日本首都圈等，都经

---

① 李世泰，王淑婧，张丽．渤海跨海通道与山东半岛城市群空间结构［J］．城市问题，2009（8）：40-44.

② 李国平．着力打造长三角多中心网络化空间结构［J］．人民论坛·学术前沿，2019（4）：20-26.

③ 霍尔．多中心大都市：西欧巨型城市区透视［J］．钱雯，译．城市与区域规划研究，2009（3）：1-17.

④ FINKA M，KLUVANKOVA T. Managing complexity of urban systems：a polycentric approach［J］. Land Use Policy，2015，42：602-608.

⑤ ORTEGA A A，ACIELO J M A E，HERMIDA M C H. Mega-regions in the Philippines：accounting for special economic zones and global-local dynamics［J］. Cities，2015，48：130-139.

⑥ MARTIJN B，MEIJERS E J. Form follows function? Linking morphological and functional polycentricity［J］. Urban studies，2012，49（5）：1127-1149.

⑦ HENDERSON J V. Optimum city size：the external diseconomy question［J］. Journal of Political Economy，1974，82（2）：373-388.

⑧ 韦亚平，赵民．都市区空间结构与绩效：多中心网络结构的解释与应用分析［J］．城市规划，2006（4）：9-16.

历了由“点—线—面—网络”的转变①。对于国内的城市群，赵渺希，李响和严广乐发现长三角城市群在政治、经济、社会等各方面均呈现多中心网络的空间发展格局，在空间组织上，已完成由传统的、等级性的中心地模式向多中心、扁平化、网络型模式转变②③；陈伟等通过构建网络化空间模型发现长株潭城市群整体已具备多中心网络化模式的雏形④；谢永琴等发现粤港澳大湾区城市群目前也已初步形成多中心网络化空间发展格局⑤。

当前，核心城市、都市圈和城市群俨然已经成为承载我国区域发展要素的主要空间形式。形成新发展格局和落实“一带一路”倡议，不断推动成渝地区双城经济圈的建设，有必要从国家战略高度和更为宏观的角度进一步审视四川和重庆的区域经济布局。做强成渝地区双城经济圈的目的不是与西南其他地市州竞争，而是参与全国和国际范围内的竞争，吸引聚集全球要素资源，带动西部地区的发展。

二、城市群空间结构演变动力的研究

多中心网络化空间结构虽然是一种成熟的城市群空间结构，但也会随时代变化而不断调整。由于城市群及其发展阶段不同，城市群空间结构整合模式也不同⑥，所以需要寻找城市群网络化发展的空间格局演变的影响因素。

城市群空间结构的形成是一个多种因素综合作用的过程，只有当城市内外或耦合条件发生转变，推动整个社会和经济发生重大改变时，城市空间结构才会进行调整，然后逐步形成新的空间格局⑦。学术界对城市群网络化空间结构的动力机制的研究是不充分的。张明斗和王雅莉⑧认为“产城人”融合发展城

---

① 李国平. 首都圈：结构、分工与营建战略［M］. 北京：中国城市出版社，2004：33-55.

② 赵渺希. 长三角区域的网络交互作用与空间结构演化［J］. 地理研究，2011（2）：311-323.

③ 李响，严广乐. 长三角城市群网络化结构特征研究及实证分析［J］. 华东经济管理，2012（1）：42-46.

④ 陈伟，常黎丽，彭翀. 基于网络化发展的长株潭城市群空间格局及优化策略［J］. 经济地理，2016（2）：74-79.

⑤ 谢永琴，武小英，沈蕾. 粤港澳大湾区城市群多中心网络化空间发展研究［J］. 河北经贸大学学报，2021，42（5）：92-100.

⑥ 童中贤，曾群华. 长江中游城市群空间整合进路研究［J］. 城市发展研究，2016，23（1）：49-57.

⑦ 陈修颖. 区域空间结构重组：理论基础、动力机制及其实现［J］. 经济地理，2003（7）：445-450.

⑧ 张明斗，王雅莉. 城市网络化发展的空间格局演变与结构体系研究［J］. 城市发展研究，2018，25（2）：55-60.

市群的高效率推进是其动力机制，而最本质的还是生产力的发展，所以产业结构的变化对网络化空间结构的影响巨大，如产业的发展、升级与集群①。另外，交通网线的完善也能促进空间结构向网络式发展②。目前对于城市群网络化空间结构的动力机制的研究可以参考城市空间结构演化的动力机制，例如张庭伟认为动力包括“政策力”“经济力”和“社会力”，即来自政府、市场、社会三方的力量③；石崧认识到在自然资源条件的制约下，城市空间结构演变的动力由政府、企业、居民三个利益主体推动城市经济、技术过程、政治权力和社会组织四种力量相互作用而构成④；叶玉瑶将城市群空间演化的动力归结为自然生长力、市场驱动力以及政府调控力⑤；参考庞德良和唐艺彬对纽约都市圈的城市空间结构重组动力机制的研究，城市群网络化空间结构的动力机制也可以从生产力因素、技术因素和产业因素去考虑⑥；丁俊和王开泳认为经济全球化也是动力机制之一⑦。

三、城市群空间结构对经济活动的反作用的研究

学者对于城市群空间结构的经济绩效的讨论从没停止过，这种探讨都是围绕着城市群空间结构对于城市群发展的影响展开的，其基本的逻辑基础是“城市运行的空间组织是理解其效率、增长和专业化的重要基石”⑧，而城市的生产效率与网络连通性密切相关⑨。虽然已有文献证明城市空间结构和经济效率二者并没有显著的关联性⑩，但是大部分的研究证实城市空间结构还是会对

① 赵仁康，许正宁. 城市空间结构重组的产业动力机制［J］. 西南民族大学学报（人文社科版），2010，31（4）：146-150.

② 李晓莉. 大珠三角城市群空间结构的演变［J］. 城市规划学刊，2008（2）：49-52.

③ 张庭伟. 1990年代中国城市空间结构的变化及其动力机制［J］. 城市规划，2001（7）：7-14.

④ 石崧. 城市空间结构演变的动力机制分析［J］. 城市规划汇刊，2004（1）：50-52，96.

⑤ 叶玉瑶. 城市群空间演化动力机制初探：以珠江三角洲城市群为例［J］. 城市规划，2006，30（1）：61-66，87.

⑥ 庞德良，唐艺彬. 纽约都市圈的城市空间结构功能及其演化动力因素［J］. 社会科学战线，2012（7）：252-254.

⑦ 丁俊，王开泳. 珠江三角洲城市群工业生产空间格局、形态特征及影响因素［J］. 地理科学进展，2016，35（5）：610-621.

⑧ CAPELLO R，CAMAGNI R. Beyond optimal city size：an evaluation of alternative urban growth patterns［J］. Urban Studies，2000，37（9）：1479-1496.

⑨ MCCANN P，ACS Z J. Globalization：countries，cities and multinationals［J］. Regional Studies，2011，45（1）：17-32.

⑩ LEE B，GORDON P. Urban structure：its role in urban growth，net new business formation and industrial churn［J］. Région et Dévelopment，2011，33：137-159.

经济绩效产生影响，主要可分为网络化空间结构、多中心和单中心对经济活动的影响。

覃成林和桑曼乘的文章指出，城市网络发展对经济增长有正向的影响作用①。对于其作用机理，可以分成三类。首先，城市节点间的互动产生了不依赖于地理邻近性的网络外部性②，它和马歇尔外部性、雅各布外部性的关键区别在于外部性的空间程度与研究对象的规模之间的差距③。马歇尔外部性是同一行业和城市内企业的外部性，雅各布外部性则存在于同一城市的不同产业之间④⑤，所以不同企业之间的外部性也表现为不同城市之间的外部性，即形成了城市网络外部性。因此，可以认为网络化空间结构在更大的空间范围内促进集聚经济的发展，匹配、共享和学习机制也同样是城市网络外部性的基本来源，能够在城市网络规模上产生影响。其次，网络化空间结构会在“互借规模”作用下，依赖于“规模借用”作用，靠近核心城市的中小城市会产生集聚效应。但当城市之间的联系加深形成城市网络之后，这种“规模借用”的作用效果会进一步提升，离核心城市较远的中小城市仍然能够受益，并且在网络中扮演不同的角色，产生不同的互动关系⑥。从空间尺度看，最初借用规模的尺度局限在小城市对大城市的单向借用上，但当出现更强的区域网络连通性后，小城市也能从网络规模的增加中获得大都市的功能，而大城市则从网络连通性的增加中获益更多。这也能解释全球中小城市发展变好的现象⑦。最后，随着城市间交通网络的互联互通和现代通信技术的快速发展，城市网络主要生成于要素频繁流动的“流空间”当中。网络流动空间优势使得城市间从传统的等级阶层关系转向基于平等共享式的功能互动联系，其强大的流动性削减了空间和距离的信息摩擦对经济活动的制约作用，扩大了集聚收益的地理范围。

---

① 覃成林，桑曼乘. 城市网络与城市经济增长 [J]. 学习与实践，2015 (4)：5-11.

② CAMAGNI R P，SALONE C. Network urban structures in northern Italy：elements for a theoretical framework [J]. Urban Studies，1993，30 (6)，1053-1064.

③ HUANG Y，HONG T，MA T. Urban network externalities，agglomeration economies and urban economic growth [J]. Cities，2020，107：1-15.

④ GLAESER E L，KALLAL H D，SCHEINKMAN J A，et al. Growth in cities [J]. Journal of Political Economy，1992，100 (6)：1126-1152.

⑤ HENDERSON V，KUNCORO A，TURNER M. Industrial development in cities [J]. Journal of Political Economy，1995，103 (5)：1067-1090.

⑥ 陆军，毛文峰. 城市网络外部性的崛起：区域经济高质量一体化发展的新机制 [J]. 经济学家，2020 (12)：62-70.

⑦ MEIJERS E J，BURGER M J，HOOGERBRUGGE，M M. Borrowing size in networks of cities：city size，network connectivity and metropolitan functions in Europe [J]. Papers in Regional Science，2016，95 (1)：181-198.

通过参与网络，城市在互补关系中利用规模经济，在合作活动中发挥协同作用。从这个意义上说，网络优势是一种真正的俱乐部商品，只有那些成为经济和空间网络伙伴的经济行为体才能实现，并且这种优势会在伙伴之间分配，尽管每个伙伴参与网络的私人边际成本是由每个伙伴承担的①。也有学者持相反的观点，认为网络化空间结构不利于经济效率的提高，主要是因为网络化的空间结构使经济要素相对分散，而相对分散的空间结构往往意味着更长的商品流和信息流，不利于形成具有竞争力的投资环境②。不过这种影响存在地区差异性，而且也有争议性，Camagni R. 等发现小城市能更好地从相互合作的网络中获益③，但张浩然和衣保中④，Meijers E. J. 等⑤则发现了相反的结论，即小城市并不能获得很大收益。所以，结合我国许多城市群“大城市发展不足、中小城市过度扩张”的现状，张浩然和衣保中指出，网络化空间结构无法促进经济效率的提高。

多个节点中心、次核心城市作为区域经济系统中的联结枢纽，将发挥对其周边乃至更远地区经济要素的组织集散功能，可以促进城市间产业的竞争与协作，区域板块间经济联系的深化和协调发展水平的提升⑥。根据梅特卡夫法则，网络价值等于网络节点数的平方，也就是说较多的城市参与城市网络，城市网络才能发挥自身的价值，每个参与的城市才能更多地获益，这样更加有助于规模偏小、欠发达地区的单体城市，通过融入城市网络扮演不同的角色，实现从单向链接的从属地位向双向链接的平等地位转变。另外，多中心空间结构对中国雾霾浓度的影响呈现显著的先加剧后抑制的倒 U 形特征⑦，提高中心度

---

① CAPELLO R. The city network paradigm: measuring urban network externalities [J]. Urban Studies, 2000, 37 (11): 1925-1945.

② PARR J B. The polycentric urban region: a closer inspection [J]. Regional Studies, 2004, 38 (3): 231-240.

③ CAMAGNI R, CAPELLO R, CARAGLIU A. Static vs. dynamic agglomeration economies: spatial context and structural evolution behind urban growth [J]. Papers in Regional Science, 2016, 95 (1): 133-158.

④ 张浩然，衣保中. 城市群空间结构特征与经济绩效：来自中国的经验证据 [J]. 经济评论，2012 (1): 42-48.

⑤ MEIJERS E J, BURGER M J. Stretching the concept of "borrowed size" [J]. Urban Studies, 2017, 54 (1): 269-291.

⑥ 丁如曦，刘梅，李东坤. 多核心城市网络的区域经济协调发展驱动效应：以长江经济带为例 [J]. 统计研究，2020，37 (11): 93-105.

⑦ 陈旭，张亮，张硕. 多中心空间发展模式与雾霾污染：基于中国城市数据的经验研究 [J]. 重庆大学学报（社会科学版），2021 (5): 30-44.

可以减少大气污染[①]，因为多中心空间结构能打破市场分割，提升市场一体化水平，加快要素的流动，提高资源利用效率[②③]。但周宏浩和谷国锋的实证研究发现，东北地区城市空间结构的单中心发展产生了显著的污染减排效应，因为单中心空间结构能够缩短通勤距离[④]，减少土地无序扩张[⑤]。少量文献研究了空间结构对水污染的影响。颜文涛等认为空间结构对水环境的影响体现在河流结构和形态的变化上，以及暴雨增加、水质恶化、地下水位下降方面[⑥]，而主要原因是城市化和土地利用类型的变化会给自然环境造成影响[⑦⑧]。

第四节　城市群经济增长的动力研究

城市群作为要素集聚的有机体，其在推动地区经济增长中的作用机理较为复杂。参考姚常成[⑨]的研究可将其分为三种：首先，它可以借助集聚效应，加速要素向中心城市的流入，形成规模经济，也可以借用扩散效应带动整个城市群发展；其次，它还能通过城市与城市之间的分工协作，打破地区之间的市场分割，形成合力发展的局面；最后，城市群的协调机制可以平衡城市间的经济差距，实现共同富裕。

---

① 刘凯，吴怡，王晓瑜，等. 中国城市群空间结构对大气污染的影响 [J]. 中国人口·资源与环境，2020，30 (10)：28-35.

② 林伯强，杜克锐. 要素市场扭曲对能源效率的影响 [J]. 经济研究，2013，48 (9)：125-136.

③ BAI J H, LU J Y, LI S J. Fiscal pressure, tax competition and environmental pollution [J]. Environmental and Resource Economics, 2019, 73 (2): 431-447.

④ 周宏浩，谷国锋. 东北地区城市空间结构演进对环境影响的空间效应及门槛特征 [J]. 经济地理，2021，41 (2)：62-71.

⑤ 秦蒙，刘修岩，仝怡婷，等. 蔓延的城市空间是否加重了雾霾污染：来自中国 PM2.5 数据的经验分析 [J]. 财贸经济，2016，37 (11)：146-160.

⑥ 颜文涛，萧敬豪，胡海，等. 城市空间结构的环境绩效：进展与思考 [J]. 城市规划学刊，2012 (5)：50-59.

⑦ SHEPHERD J M. Evidence of urban induced precipitation variability in arid climate regimes [J]. Journal of Arid Environments, 2006, 4 (67): 607-628.

⑧ 岳隽，王仰麟，李正国，等. 河流水质时空变化及其受土地利用影响的研究：以深圳市主要河流为例 [J]. 水科学进展，2006 (3)：46-52.

⑨ 姚常成. 多中心空间结构视角下新时代中国城市群的协调发展研究 [D]. 长春：吉林大学，2019：15-19.

一、城市群的集聚效应

城市群内的集聚最重要的是产业集聚，因为产业是所有要素的空间载体，也会集聚人才和创新科技，对区域经济总量增长发挥了非常显著的推进作用①②。但产业集聚容易引起企业生产效率下降进而对经济发展产生负面影响，因为通勤成本、生产要素成本、居住与生活成本上升等③，特别是在经济社会发展较为落后的地区，产业集聚更容易产生负面效应。城市群所产生的外部性不仅能促进城市群生产效率的提高，还能通过溢出效应使得城市群周边城市获益。但这种获益还受制于一些前提条件，如 Niclas L. 在研究中发现，虽然企业都愿意靠近城市群里的中心城市，因为中心城市会有溢出效应，但是这些溢出效应也有可能被城市群内部的贸易保护政策阻隔④，而贸易保护主义都比较容易出现在地区经济发展初期。姚常成指出，当城市群产业集聚水平较低时，主要表现为虹吸效应，促进了核心城市的率先发展；但当核心城市产业集聚达到一定程度以后，就开始出现产业向外围城市转移的趋势，外围城市在此扩散效应中凭借劳动力成本和土地成本优势积极赶超核心城市⑤。

从原理上来讲，这种促进作用来源于集聚效应，具体来说，来源于共享、学习和匹配三个微观机制⑥。共享机制主要是指集聚可以实现中间供应商联系、劳动力共享、技术外溢等；学习机制则是指产业集聚使得劳动力可以有更多的交流和讨论，给知识产生、扩散和累积提供渠道；匹配机制是指集聚效应中生产组织的要素配置效率、要素结构与投入产出达到帕累托最优⑦。为了保

---

① 王琢卓，韩峰. 湖南省生产性服务业集聚对经济增长的影响 [J]. 中国科技论坛，2012 (6)：84-89.

② 刘书瀚，于化龙. 城市群生产性服务业集聚对经济增长的空间溢出效应：基于长三角、珠三角和京津冀城市群的比较分析 [J]. 预测，2020，39 (4)：83-89.

③ 王立勇，吕政. 制造业集聚与生产效率：新证据与新机制 [J]. 经济科学，2021 (2)：59-71.

④ NICLAS L. How does distance to urban centres influence necessity and opportunity based firm start-ups? [J]. Papers in Regional Science，2018，97 (4)：1279-1303.

⑤ 姚常成. 多中心空间结构视角下新时代中国城市群的协调发展研究 [D]. 长春：吉林大学，2019：16.

⑥ DURANTON G，PUGA D. Micro-foundations of urban agglomeration economies [G] //HENDERSON J V，THISSE J F. Handbook of regional & urban economics：Volume 4. Amsterdam：North Holland Publishing Co.，2004：2063-2117.

⑦ 邓仲良，张可云. 中国经济增长的空间分异为何存在：一个空间经济学的解释 [J]. 经济研究，2020，55 (4)：20-36.

持企业竞争优势、规避风险、获得外部经济，生产性服务业会走向集聚①。结合上述的微观机制，从共享机制来讲，生产性服务业集聚能够通过实现规模经济效应以及产业间前后向关联，实现资本与劳动力要素在产业间的流动与共享，从而提高整个社会的资源利用效率②，同时降低搜寻和匹配成本；从学习效应来讲，生产性服务业作为重要的知识密集型产业，它的集聚更容易形成不同维度的集聚学习机制，具体而言，是生产性服务业中的企业和相关从业人员之间的业务往来加速知识的交流、更新和创造，再加之生产性服务业拥有较高的产业关联性，使得其集聚产生的技术传导更广泛；从匹配效应来讲，由于生产性服务业扮演着为上下游环节提供中间产品及一般消费品的重要角色，其集聚能为各产业的上下游之间劳动力和原材料之间的匹配提供更多机会。

二、城市群的分工机制

城市群逐步形成了生产性服务业集聚在中心城市、制造业集聚在中心城市外围的“中心—外围”空间格局。生产性服务业作为产业链和现代化产业体系中承上启下的关键环节，其集聚对于欠发达地区的经济发展有显著的促进作用。在这一过程中，城市群内不同的城市就逐渐呈现出功能分工的格局。城市群内的中心城市处于产业链的始端和终端，承担研发设计、法律服务、商务服务、金融服务等生产性服务功能，而周边城市则更多承担生产制造功能，城市间专业化分工逐渐由产业分工转向城市群功能分工③。

产业分工对经济增长产生 MAR 外部性和 Jacobs 外部性，在创新能力提升、创新交流网络形成、创新成果的产生及扩散与经济转化上具有全方位的支持作用。薄文广则结合中国的实际情况，指出中国省级层面的专业化分工与产业增长存在负向关系，而多样化分工与产业增长之间却存在一种非线性的倒 U 形关系，即当多样化分工水平较低时，不利于产业增长，但当多样化分工水平达到一定阶段以后，就开始促进产业增长④。

---

① KEEBLE D, NACHUM L. Why do business service firms cluster? Small consultancies, clustering and decentralization in London and southern England [J]. Transactions of the Institute of British Geographers, 2002, 27 (1): 67-90.

② 季书涵，朱英明，张鑫. 产业集聚对资源错配的改善效果研究 [J]. 中国工业经济，2016 (6): 73-90.

③ 杨继军，刘依凡，陈旭，等. 城市群空间功能分工、规模功能借用与企业出口增加值 [J]. 经济科学，2021 (5): 68-83.

④ 薄文广. 外部性与产业增长：来自中国省级面板数据的研究 [J]. 中国工业经济，2007 (1): 37-44.

专业化分工即同一产业内的分工，多样化分工即不同产业间的分工。与西方国家不同，我国城市群，特别是成渝地区双城经济圈，由于建设还处于起步阶段，专业化分工的现象更普遍，容易造成产业同构现象，比如中部与东部工业结构相似率为93.5%，西部与中部工业结构相似率为97.9%①。虽然学者们普遍认为产业同构不利于经济增长，但较高程度的产业同构，有利于形成稳定的产业分工，从而形成稳定的一体化模式。不过，苏红键和赵坚在研究长三角地区的产业同构问题时却发现，长三角制造业专业化水平显著提升，但经济圈内部城市制造业专业化程度与产业增长显著负相关，表明经济圈内部城市可以围绕圈域主要制造业实现相对多样化发展，以更好地促进和利用广域集聚经济②。这说明两种形态的分工都开始在我国城市群中展现。

对我国而言，区域间具有差别化的产业梯度，为促进产业分工，可以使产业在区际有序转移、不断合理化区域间投资结构和科学指导产业布局③。国内劳动密集型制造业与劳动力向中西部地区转移与回流，既为东部沿海地区优化资源配置与加快产业升级创造了条件，也为中西部地区引入产业资源、扩大投资规模带来了机遇。

三、城市群的协调机制

城市群的协调机制是由区域一体化实现的，这是目前学界认为能够有效促进区域经济协调发展的路径之一。

区域一体化，首先，消除了地方市场分割，发挥市场在资源配置中的基础性作用，建立完善的、统一开放的市场，按照市场规律寻求最契合的资源、土壤和空间，形成有效率和优势互补的专业化分工，促进技术和知识溢出，分摊降低成本④，这将有利于区域经济的协调发展⑤⑥。其次，区域一体化使要素

---

① 朱淑枝，夏银平．西部开发的重要支点：主导产业转型［J］．中山大学学报（社会科学版），2001（3）：98-104.

② 苏红键，赵坚．经济圈制造业增长的空间结构效应：基于长三角经济圈的数据［J］．中国工业经济，2011（8）：36-46.

③ 庞娟．产业转移与区域经济协调发展［J］．理论与改革，2000（3）：81-82.

④ 陈雯，孙伟，刘崇刚，等．长三角区域一体化与高质量发展［J］．经济地理，2021，41（10）：127-134.

⑤ 徐现祥，李郇．市场一体化与区域协调发展［J］．经济研究，2005（12）：57-67.

⑥ 陈秀山，杨艳．区域协调发展：回顾与展望［J］．西南民族大学学报（人文社科版），2010，31（1）：70-74.

在区际自由流动，并让资源的配置流向最有效率的地方[①]，达到最佳配置。区域一体化合作通过促进劳动力资源流动和提高技术创新水平促进地区产业结构升级，完善区域经济布局。外围城市通过降低与中心城市之间的产业结构高级化差异程度，缩小了与中心城市地区生产总值增长率的差距[②]。另外，区域间政府合作也是中国现有体制下区域一体化的表现之一，政府合作可以通过增强经济联系、扩大市场潜能和促进产业结构升级等途径间接提升城市群全要素生产率[③]，进一步改善区域协调发展状态。最后，交通基础设施的改善对加快要素流动实现区域一体化发展具有显著的促进作用，特别是高速铁路建设[④]。同时，还需要实施消除地方保护主义、提高人力资本、建立良好的市场环境及建立健全各种市场经济法制规章的制度建设等综合手段[⑤]。

值得一提的是，就城市群的协调发展机制而言，与国外城市群基于市场机制而自发形成与发展的路径不同，中国城市群的发展除了受到市场机制的推动作用，还会受到政府宏观调控的影响，获得政策红利。徐现祥和李郇发现，长江三角洲城市经济协调会有效降低了地方市场分割程度，地方市场分割对区域协调发展的阻碍作用已经下降了近50%[⑥]。宋冬林和姚常成的研究验证了政府科学指导的重要性，他们通过引入包容性增长模型，发现中国的经济区规划政策不仅有利于城市群地区的经济增长，还能促进地区经济差距不断缩小[⑦]。李洪涛和王丽丽研究发现，城市群发展规划能够有效推动区域要素流动与高效集聚[⑧]。但是，不是所有政策都能得到相应的成效。伦道夫（Randolph）从巴西

① 刘生龙，胡鞍钢．交通基础设施与中国区域经济一体化［J］．经济研究，2011，46（3）：72-82.

② 王超，邱婷．产业结构升级对区域经济系统协同发展的影响分析：基于全国285个地级市的实证研究［J］．商业经济，2021（11）：41-42，117.

③ 张跃．政府合作与城市群全要素生产率：基于长三角城市经济协调会的准自然实验［J］．财政研究，2020（4）：83-98.

④ 陈建军，郑广建，刘月．高速铁路对长江三角洲空间联系格局演化的影响［J］．经济地理，2014，34（8）：54-67.

⑤ 范剑勇，谢强强．地区间产业分布的本地市场效应及其对区域协调发展的启示［J］．经济研究，2010，45（4）：107-133.

⑥ 徐现祥，李郇．市场一体化与区域协调发展［J］．经济研究，2005（12）：57-67.

⑦ 宋冬林，姚常成．经济区发展规划的实施促进了城市群的包容性增长吗：来自我国六大国家级城市群的经验证据［J］．求是学刊，2018，45（2）：27-38，173.

⑧ 李洪涛，王丽丽．城市群发展规划对要素流动与高效集聚的影响研究［J］．经济学家，2020（12）：52-61.

的案例中发现，治理是否可行要看是否考虑了弱势社会力量[①]，所以，区域政策规划要建立区域整体的区位意识，更多注重效率和社会包容[②]。

第五节 评述

目前，学界对于城市实现高质量发展的路径、标准和内涵，都有很成熟的研究。对于城市群的研究，大多是对每个城市群自身做研究，包括城市群中的城市的定位、产业和空间结构的研究，特别是长三角城市群、粤港澳大湾区以及京津冀城市群。我国目前批准的 19 个城市群当中，有些发展速度较快，有些仅处于萌芽阶段，研究单个城市群的发展规律和城市群整体发展规律都有助于我国城市群高质量发展目标的达成。现有研究中对于东北和西部地区城市群的研究相对较少，更是缺乏对我国城市群整体性的探索，缺少对城市群高质量发展一般规律的探究。既然党的十九大报告已经提出，要以城市群为主体构建大中小城市和小城镇协调发展的城镇格局，我国城市群发展的一般规律和每一类城市群发展的特有规律就都值得研究。本书从共性和个性相结合的角度出发，提出新时代成渝地区双城经济圈高质量发展的提升战略路径。

对于城市群的发展，国内外在内涵和路径上都有很多资料，研究成果丰硕。在目前我国国内外形势下，2018 年国务院《政府工作报告》指出，“按照高质量发展的要求，统筹推进‘五位一体’总体布局和协调推进‘四个全面’战略布局，坚持以供给侧结构性改革为主线，统筹推进稳增长、促改革、调结构、惠民生、防风险各项工作”。在对城市群发展的研究中，城市群在发展中遇到的问题，也使得高质量发展成为城市群未来的发展方向和目标。

但是，城市群如何在新时代背景下实现高质量发展的研究才刚刚起步，城市群高质量发展的实现路径和机制等具体问题尚缺乏深入的研究，新时代的新特征在城市群高质量发展研究中鲜有体现。本书正是顺应了当前的研究方向，以成渝地区双城经济圈为研究对象，研究我国西部城市群在新时代背景下如何实现高质量发展。

---

① RANDOLPH R. Regional development policies and the challenge to reduce spatial inequalities in Brazil [J]. Area Development & Policy, 2019, 4 (3): 271-283.

② BARCA F, MCCANN P, POSE A R. The case for regional development intervention: place-based versus place-neutral approaches [J]. Journal of Regional Science, 2012, 52 (1): 134-152.

第三章　成渝地区双城经济圈高质量发展的内涵、现实条件与目标分析

第一节　成渝地区双城经济圈高质量发展的内涵

成渝地区双城经济圈位于我国西部，是我国西部少有的人口和城镇分布相对密集、综合实力较强的区域，其战略定位决定了其在全国经济发展、对外开放、城镇化和改革创新等战略上的重要地位和作用。

根据《成渝地区双城经济圈建设规划纲要》，成渝地区双城经济圈位于"一带一路"和长江经济带交会处，是西部陆海新通道的起点，具有连接西南西北，沟通东亚与东南亚、南亚的独特优势。成渝地区双城经济圈是西部地区人口和城镇分布密集、综合实力较强的区域，其战略定位决定了其在全国经济发展、对外开放、城镇化和改革创新等战略上的重要地位和作用。成渝地区双城经济圈建设范围包括重庆市的中心城区及万州、涪陵、綦江、大足、黔江、长寿、江津、合川、永川、南川、璧山、铜梁、潼南、荣昌、梁平、丰都、垫江、忠县等27个区（县）以及开州、云阳的部分地区，四川省的成都、自贡、泸州、德阳、绵阳（除平武县、北川县）、遂宁、内江、乐山、南充、眉山、宜宾、广安、达州（除万源市）、雅安（除天全县、宝兴县）、资阳15个市，总面积18.5万平方千米，2019年常住人口9 600万人，地区生产总值近6.3万亿元，分别占全国的1.9%、6.9%、6.3%。成渝地区双城经济圈常住人口规模、地区经济总量占全国比重持续上升，呈现出重庆和成都双核相向发展、联动引领区域高质量发展的良好态势，已经成为西部地区经济社会发展、生态

文明建设、改革创新和对外开放的重要引擎①。

成渝地区双城经济圈是我国较为特殊的一个经济区域，具备作为区域增长极的功能，是西部地区的增长极，也是极具“双中心”特点的一个城市群，其建设也重点突出成都、重庆两个核心城市的自身特点。重庆与四川先后发布了《重庆市国民经济和社会发展第十四个五年规划和二〇三五年远景目标纲要》《四川省国民经济和社会发展第十四个五年规划和二〇三五年远景目标纲要》。这两份文件为四川、重庆未来5年重点推进成渝地区双城经济圈建设进行了顶级战略谋划。从川渝两个规划建议中的城市体系布局来看，首先都是重点发展双核城市。重庆的“十四五”规划提出，坚持双核引领，区域联动，形成特色鲜明、布局合理、集约高效的城市群发展格局；四川“十四五”规划提出，编制成都都市圈规划，强化成都主干带动和极核引领作用，实现成德眉资主干作用，提升国家核心城市综合能级和国际竞争力。2020年1月3日召开的中央财经委员会第六次会议提出，促进产业、人口及各类生产要素合理流动和高效集聚，强化重庆和成都的中心城市带动作用。

在强化中心城市作用的同时，中央政治局会议也要求，处理好中心城市和区域的关系，着力提升重庆主城和成都的发展能级和综合竞争力，推动城市发展由外延扩张向内涵提升转变，以点带面、均衡发展，同周边市县形成一体化发展的都市圈。《四川省国民经济和社会发展第十四个五年规划和二〇三五年远景目标纲要》提出，加快推进成德眉资（成都、德阳、眉山、资阳）同城化，促进全省发展主干由成都拓展为成都都市圈，发展都市圈卫星城，打造都市圈功能协作基地，带动成都平原经济区一体化发展。成渝地区双城经济圈的定位为“一极两中心两地”，即具有全国影响力的重要经济中心、科技创新中心、改革开放新高地、高品质生活宜居地，打造带动全国高质量发展的重要增长极和新的动力源。围绕这一定位，中央财经委员会第六次会议提出，要加强交通基础设施建设，加快现代产业体系建设，增强协同创新发展能力，优化国土空间布局，加强生态环境保护，推进体制创新，强化公共服务共建共享。这实际上是要求从七个方面推进成渝地区双城经济圈的建设。

基于成渝地区双城经济圈经济社会发展的客观现实，结合新时代高质量发展的客观要求，考虑成渝地区双城经济圈的具体区域情况，本书将成渝地区双城经济圈高质量发展的内涵概括为“产业+空间+治理”三位一体。

---

① 中共中央 国务院. 成渝地区双城经济圈建设规划纲要［EB/OL］.（2021-10-21）［2022-03-17］. https：//baijiahao. baidu. com/s？id=1714175973650045188&wfr=spider&for=pc.

一、具备完善的产业分工协作体系，建设西部重要的经济中心和产业基地

核心城市功能分工合理。本书依照新时代高质量发展要求和西部大开发的城镇化要求，结合不同类型核心城市的特征，总结提炼城市群核心城市功能分工的总体目标为“内循环支撑点、现代制造业集聚地、城市群协作分工组织者”。

西部大开发战略实施二十多年以来，川渝地区经济社会发展取得很大进步，在各方面均有出色表现。但川渝地区的发展整体上与东部沿海地区仍有较大差距，主要表现在产业竞争力和基础设施建设两大方面。由于非核心城市的规模不大，且大城市缺位问题长期存在，一方面成渝两市的经济辐射能力受到制约，另一方面经济能量有限的非核心城市对成渝两市的支撑力度约束了成都与重庆两大核心城市做强做大。在当前复杂的国际形势下，“以内循环为主体，内外循环互促”成为国内经济发展新格局。提升西部内陆地区的区域地位，全国双循环大体系需要成渝地区双城经济圈的成都与重庆两大核心城市作为战略支撑点。成渝地区双城经济圈的双极核——国家核心城市成都与重庆——的城市功能可确定为“一带一路”外循环枢纽。

夯实产业基础，补齐国家制造业价值链特别是高端核心环节，是成都与重庆打造双循环战略支点的关键。西部地区是我国重要的制造业基地，核心部件生产和研发环节的缺失也是当前我国制造业被“卡脖子”的短板所在。所以我们应以成渝地区双城经济圈产业链为纽带建立城市间、城乡间产业分工和空间协作关系，两市定位于制造业技术研发中心和生产性服务业中心，经济圈内的地区级核心城市则定位于现代制造业生产基地。

城市群是我国城镇化布局的主要载体，西部地区核心城市发展的重要任务是带动整个城市群高质量协调发展。产业分工协作能够优化产业布局、加快城镇化进程、增强区域经济辐射能力，这会加速不同规模等级城市的空间群聚。这些不同规模等级的城市共同构成了城市层级体系。合理的城市层级体系能够充分发挥不同层级城市的经济辐射带动作用。核心城市要切实发挥对城市群的反哺带动作用，不是孤立地外延式“摊大饼”，甚至与外围城市争夺资源、进行恶性产业竞争，而是要起到城市群的协作分工组织作用，通过市场机制、行政协调等多种形式，着力形成大中小城市制造业产业链分工的高质量协调格局。要优化核心城市的功能，发展壮大非核心城市。在城市群发展一般性规律的基础上，要充分考虑产业演进规律的特殊性，探索在成渝地区内部各城市间形成产业分工协作关系，从而实现产业协调错位发展。

形成产业链协作分工、集聚支撑、关联配套的产业协同集聚。第一，产业功能分工合理，是核心城市之间以及整个城市群协调发展的前提。根据专业化分工原则，推动城市间制造业的产业分工格局从部门间分工向更精细化的部门内产品间分工和产业链分工演进，将产业链的各环节布局在不同城市，依托产业链的联系实现城市群功能互补及协调。第二，引导不同的产业链环节向优势区位的各城市集聚，是核心城市功能定位的基础。核心城市功能分工，有助于专业化的产业链环节在特定核心城市集聚，增强所对应的核心城市功能。第三，成都与重庆两大城市要承担城市群的开放、创新等高端功能，重点发展研发设计、营销、金融服务等产业链环节，带动整个成渝地区双城经济圈产业附加值增加。第四，地区级核心城市和中小城市承担制造基地的生产职能，围绕中心大城市形成产业链协作配套圈。地区级核心城市重点发展关键零部件的加工、终端产品的生产组装、物流等现代制造产业链环节，中小城市则聚焦一般零部件制造和农产品加工等产业链环节。

当前，成渝地区双城经济圈已经具备较好的产业基础，需要进一步挖掘产业潜力，围绕建成全国重要的现代产业基地的定位，通过推动产业结构优化升级来突出特色，发挥该地区的产业优势。此外，成渝地区双城经济圈要继续做强工业主导产业，聚焦航空航天、轨道交通、能源装备、工业机器人、仪器仪表、数控机床、摩托车等领域，培育世界级装备制造产业集群；同时大力发展数字经济，培育发展现代服务业，引导制造企业延伸服务链条、发展服务环节，推动生产服务型企业创新服务供给，提升制造业服务水平和全产业链价值。

二、具备合理有序的城市规模结构

规模效应、技术外溢和不完全竞争引发经济活动的空间集中，市场机制作用下，各类要素自发向资本回报率高的地区集聚。城市群作为空间经济高效率的典型形态，形成多维网络化空间结构，是缩短城市间时空距离、形成规模经济和外溢效应、引领周边区域尤其是城市间协同发展的有效手段。因此，西部核心城市和城市群的多维网络化建设，需要从构建良性的城乡融合发展结构、合理的城市规模等级结构和职能结构、互联互通的基础设施网络结构建设等方面重点切入。

《中共中央 国务院关于新时代推进西部大开发形成新格局的指导意见》指出，要“推动城市群高质量发展和大中小城市网络化建设”，然而我国西部地区的成渝地区双城经济圈的发展还处于离散发展、包含单中心极核的多种空间结构并存的阶段。基础设施网络连通度不够，城市群空间关联弱，整体协调发展水平较东部地区滞后，无论是规模经济效益还是辐射带动力都还不足以支撑起整个城市群的协同发展。因此推动成渝地区双城经济圈高质量发展需要在早期就对城市群空间结构的演化趋势进行调整，促进城市群空间耦合互动。尤其需要注意的是成渝地区双城经济圈位于西部地区，地形起伏大，多山地、高原，加之城乡二元结构明显，这决定其城市群空间优化需要重点考虑如何强化城市空间联系以及弥补城镇规模体系缺失的问题。

城市群空间耦合互动是其高质量协调发展的空间映射，是从城市群内部城市节点、发展轴和空间布局等方面着手，实现空间功能从无序到有序、关联从弱到强的演变，是解决西部发展不平衡不充分问题的重要手段。城市群空间存在着“低水平的耦合阶段→极核发展阶段→扩散阶段→高水平的耦合互动阶段”的演进规律，表现为网络化、以功能多中心为特征的空间演变模式。

成渝地区双城经济圈在城镇体系上二元特征明显：一方面，在城市群内部，拥有特大城市和大城市，但缺乏 100 万人口以上的二级城市，城镇规模体系存在中间断层；另一方面，在城市内部，城乡分离现象严重。基于此，成渝地区双城经济圈要从城镇规模体系以及城乡关系两方面进行重点突破，利用多中心多节点且互相联系的网络化结构，改变以往资源过度集聚于一两个大城市的城市结构。

都市圈是城市群的核心组成部分，是城镇规模结构演变的牵引力。推进建设都市圈不仅有利于大城市的高效集聚发展，而且对城市群内的小城市发展具有正向的带动作用，进而优化人口和经济空间结构，逐渐形成“城市群—都市圈—核心城市—大中小城市协调发展”统筹发展的城镇化空间格局①。但在西部推进都市圈建设时需要考虑具体城市的自然因素，如成都地域开阔，具备连片推进都市圈建设的条件，但部分核心城市不具备连绵发展的条件，不能盲目搞外延式扩张，需要探索串珠式、廊道式的结构布局②。

城市与乡村是不可分割的城乡地域系统，城市群耦合互动的空间优化过程，也是乡村振兴和城乡融合的发展过程。西部地区存在着严重的城乡分离，二元矛盾突出，需要发挥城市中心的核心带动作用，形成以城市中心为统领、各区县和乡镇协同发展的整体城乡格局，重点解决城乡接合部空间无序的问题，推动西部特色小城镇和美丽乡村建设，通过空间一体化规划等，形成以城

---

① 刘云中，刘嘉杰. 中国重要都市圈的发展特征研究［J］. 区域经济评论，2020（4）：82-88.

② 冯奎. 优化中心城市和城市群治理 促进西部大开发形成新格局［N］. 中国城市报，2020-07-06（14）.

带乡、城乡互补、全面融合、共同繁荣的新型城乡关系，加速构建众星拱月、相得益彰的城乡空间秩序。

成渝地区双城经济圈要推动城市群交通设施网络化发展。知识溢出和规模经济是城市群形成的重要原因，而其发挥作用受制于“地理学第一定理”的影响，距离是决定城市群空间耦合互动的重要因素。西部地区大多处于我国第一、二阶梯，地表起伏大，城市空间不同于东中部地区，后者具有连片连续延伸的特征，城市间距离远则是西部地区城市群空间互动的制约因素。但随着基础设施网络的构建，要素和信息流动的渠道逐渐畅通，城市间关联逐渐被强化。

推动成渝地区双城经济圈基础设施网络化布局是缩短城市距离的重要手段。目前西部城市群的公共交通尚未形成成熟的体系，仅能覆盖单一的中心城区，尚不能与周边县市形成紧密的通勤联系①；需要进一步提升道路设施密度，加速形成网络化的道路设施，缩短城市间通勤距离。要重点围绕核心城市形成都市圈，以轨道交通连接起都市圈内的核心城市和周边中小城市，强化其增长极作用②，如成德眉资致力于打造一小时通勤圈。同时成渝地区双城经济圈要融入“一带一路”倡议，向南持续畅通西部陆海新通道，西北向做大做强“中欧班列”品牌，西南向推进与东南亚的铁路建设，形成我国联通东南亚的陆路新通道。

成渝地区双城经济圈以大数据、工业互联网等新型基础设施布局，突破自然地理分割局面，强化空间信息联通强度。基础设施一方面包括公共交通等实体联通渠道，另一方面也包含信息化的虚拟渠道，同时随着缄默知识可以在网络空间“面对面”地感知，信息的传输和交换突破空间限制，信息基础设施的作用将会逐渐显现。加快部署信息化新型基础设施，对于西部这样地域广阔、城市间地理距离远、人口密度低的地区而言，作用效果将更加明显。需要通过大数据、工业互联网等建设，缩短城市“距离”，降低信息传播成本，重点利用西部地区的水电和气候优势，推动大数据中心建设，加快形成“东数西算”格局，布局人工智能和工业互联网等，赋能西部传统产业，通过信息虚拟网络缩短城市“距离”。

城市群空间规划完善、空间管控强化。城市群的空间规划能够从顶层设计上，推动城市群空间形态的优化，为城市群空间的未来形态提供指引。比如成

① 刘云中，刘嘉杰. 中国重要都市圈的发展特征研究［J］. 区域经济评论，2020（4）：82-88.

② 陆铭. 城乡区域发展潜藏制度红利［J］. 财新周刊，2020（34）：9.

渝提出构建“一轴两带、双核三区”空间发展格局，但“一轴”被虚化，客观上形成了双城空间的相背发展，两核中间形成了“空心圈”。因此需要进一步根据当前成渝地区双城经济圈各个城市空间形态上存在的问题，在参考国际城市群以及我国长三角和珠三角城市群多中心网络化发展举措的基础上，进一步优化空间规划，强化空间管控。成渝地区双城经济圈空间耦合互动还需要提升发展空间密度。在资源环境约束下，成渝地区双城经济圈空间拓展更需要强化集约发展，防范城市群空间的无序蔓延，因此要依托主体功能区，加大生态保护红线、永久基本农田、城镇开发边界三条控制线的管控力度，通过在城市群内划定“三线”，实行三线分级控制，优化城市群空间边界。

三、具备成熟的协调发展治理机制

2018年11月发布的《中共中央 国务院关于建立更加有效的区域协调发展新机制的意见》，提出了一系列区域协调发展治理机制，要求通过区域协调发展新机制来完善区域治理体系、提升区域治理能力，为理解新时代区域协调发展提供了一个制度框架。党的十九届四中全会审议通过的《中共中央关于坚持和完善中国特色社会主义制度、推进国家治理体系和治理能力现代化若干重大问题的决定》，旨在通过一系列的制度安排和宏观顶层设计，推进新时代国家治理体系和治理能力现代化。

当前，从单个城市的发展来看，城市作为区域经济发展的重要空间载体，相互间联系日益紧密。然而，由于我国地方政府在区域经济发展中占主导地位，导致行政区和经济区在一定程度上重叠，也催生行政区划范围对全国一体化市场的割裂，形成市场壁垒，“行政区经济”与“经济区经济”之间的矛盾不断突显和激化①。从城市群发展来看，近年来在京津冀、长三角、粤港澳等地区进行的一体化实践，在突破行政边界的更广区域环境中实现发展任务日益重要。位于西部地区的成渝地区双城经济圈内各市区位条件、资源禀赋、产业结构等差异，致使城市间由于利益因素互相博弈，整个城市群内的联系还相对松散，城市间的竞争大于合作，这进一步导致市场分割、基础设施建设重复和产业同构等问题。推动成渝地区双城经济圈高质量协调发展既是落实国家重大战略部署、优化城市群间竞合关系、推动区域协调发展的战略需要，也是构建具有全球竞争力核心城市及西部城市群的关键。

---

① 曹邦英，贺培科，龚勤林．内陆地区城市群产业链供应链稳定性与竞争力提升研究：以成德眉资同城化为例［J］．经济体制改革，2021（1）：63-69.

以上三部分构成了成渝地区双城经济圈高质量发展的运行结构和保障条件。具体来说：一是聚焦协调发展核心因素，构建成渝地区双城经济圈高质量协调发展多维路径。城市群高质量发展要考虑其要素流动、产业发展、空间协调、创新培育等更为核心的影响因素，推动产业分工协作关系、市场一体化、贸易投资、创新与转化、基础设施互联互通、开放格局共建等。如统筹设计行政区和经济区适度分离的体制机制，完善整体招商和跨区域分工布局，探索建设行政区和经济区适度分离的承载地，统筹整合资金、技术、建设用地、优惠政策等资源。二是立足国家区域发展整体战略，构建成渝地区双城经济圈高质量发展空间架构。构建成渝地区双城经济圈与东中部城市群高质量协调发展格局，通过"一带一路"倡议构建起连接东中西部的城市群，特别是作为丝绸之路经济带的桥头堡，统筹用好国内资源，推动同西亚、中亚、欧洲国家及蒙古、俄罗斯等的合作，打造内陆开放型经济高地；通过长江经济带进一步推动长三角城市群的技术创新和产业转移至成渝、北部湾等西部城市群，同时用好长三角高水平对外开放窗口平台，引进并布局全球技术、资本、产业等；通过强化新亚欧大陆桥沿线京津冀、哈长、关中平原、呼包鄂榆城市群的联系，深化同东北亚地区的合作。三是发挥大数据等智慧治理技术，构建成渝地区双城经济圈高质量协调发展虚拟网络。推进新型智慧城市试点示范和四川国家大数据综合试验区建设，加强东中西部城市群间城市精细化管理、营商环境等智慧治理的合作，以"智慧+"推动成渝地区双城经济圈与东中西部其他城市群的高质量协调发展。

第二节　成渝地区双城经济圈高质量发展的现实条件

一、自身优势

自古，川渝地区就有"天府之国"的美誉，整个地区的自然资源优势较强。区内河流众多，不仅雨量充沛，气候温和，而且水热资源匹配，具有容纳人口较大规模集聚且令其赖以生存的物质条件。在水资源、天然气资源上，重庆市水力资源蕴藏量 1 388 万千瓦，可开发水能资源 760 万千瓦，占理论蕴藏量的 52%；四川盆地天然气总资源量为 71 851 亿立方米，约占全国天然气资源总量的1/3，随着勘探的进展，气田数和储量还在不断增加①。成渝地区双城经济圈以平原丘陵地形为主，土地肥沃，适于农业耕种和农业生产生活的集中，满足城镇密集建设与发展的客观需求。盆周山地生物极其丰富，是我国动物种类最多、最齐全的区域，植物种类有近万种。成渝地区双城经济圈有丰富多样的自然资源，特别是水、天然气等资源储量丰富且开发潜力巨大，满足了该区域城镇化和工业化发展的需求。

成渝地区双城经济圈位于我国西南，东邻湘鄂，西通青藏，南连云贵，北接陕甘，是承接华南华中，连接西南西北，沟通中亚、南亚、东南亚的重要交会点和交通走廊②。具体来看，成渝地区双城经济圈以成都市、重庆市两个核心城市为中心，在水路上沿长江上游干流沿长江而下可与发达的长三角地区产生直接联系；在陆路上有宝成、成昆、成渝、成遂渝四条传统铁路干线，沪蓉高铁、兰渝高铁、成渝高铁等新高铁干线往四面八方展开。通过“一带一路”和中欧班列，成渝地区能通往欧洲和从西南方向达东南亚、南亚，区位优势突出。在经济全球化和区域经济一体化、我国进入新发展格局、改革进入攻坚期和深水区的大背景下，推进成渝地区双城经济圈发展，有利于整合优化区域资源要素，探索城市群合作发展的新路径和新模式，引领和带动西部地区发展；有利于统筹城乡区域协调发展与社会和谐进步，使城乡居民共享现代化建设成果。

优越的内陆区位条件给予了成渝地区双城经济圈在配置资源要素和开拓市场上的更大的空间潜力。首先，成渝地区双城经济圈地处可向四面八方拓展的节点，能够充分调动统筹华南华中、西南西北的资源，获得广阔的市场。其次，作为长江上游地区，成渝地区双城经济圈能够充分调动长江经济带上的资源，积极承接东部沿海的要素转移，使长江中上游地区与长江下游地区实现资源要素有序流动和产业梯度协同发展。最后，成渝地区双城经济圈往西沟通中亚，往南连接南亚、东南亚，有利于“一带一路”倡议往不同方向纵深。

二、外部机遇

1. “一带一路”倡议稳步推进

2013年9月和10月，国家主席习近平访问哈萨克斯坦和印尼时分别提出

① 肖金成，汪阳红，欧阳慧，等. 成渝城市群的战略定位与规划目标［J］. 中国发展观察，2016（13）：53-56.

② 肖金成，汪阳红，张燕. 成渝城市群空间布局与产业发展研究［J］. 全球化，2019（8）：30-48，134.

共同建设“丝绸之路经济带”和“21世纪海上丝绸之路”倡议。“一带一路”倡议宏伟蓝图不仅契合了我国多层次、宽领域、全方位对外开放的需要，还推动西部地区从改革开放的战略后方转变为我国向西向南开放的前沿，更为成渝地区双城经济圈实现更大领域开放、实现加快发展、迈向高质量发展阶段拓展了新空间。党的十九大报告进一步指出，要“坚持引进来和走出去并重，……，形成陆海内外联动、东西双向互济的开放格局”。

“一带一路”倡议推动西部地区从改革开放的战略后方成为我国向西向南开放的前沿。《关于加快实施自由贸易区战略的若干意见》指出，要逐步构筑立足周边、辐射“一带一路”沿线国家、面向全球的高标准自由贸易区网络，这都有利于成渝地区双城经济圈借助“一带一路”倡议拓展开放型经济发展新空间。成渝地区双城经济圈是我国西部经济实力雄厚的地区，是“一带一路”倡议的重要支点，是我国面向中亚、西亚、东南亚等国家和地区的开放前沿。当前，西部地区整体外向型经济发展缓慢，开放开发滞后，市场化程度低，制约着西部地区能源资源优势向经济优势的转化。“一带一路”倡议为成渝地区双城经济圈后发赶超，多维度加速融入国际经贸网络，创造了外部条件。从宏观层面来看，作为“一带一路”倡议基石的经贸合作是成渝地区双城经济圈走出“发展滞后”陷阱的重要途径。从中微观层面来看，“一带一路”倡议将增强成渝地区双城经济圈与西亚、中亚、南亚和中东欧国家间的联系，促使西部制造业产品进入上述国家的市场并打通产品西向、南向和北向的销售通道。2016年9月获批的重庆、四川自由贸易试验区建设是对西部内陆开放合作新模式的探索。中欧班列渝新欧快铁的加快推进，推动了成渝地区双城经济圈与东南亚、中亚、西亚和南亚地区的跨国合作。同时，“一带一路”倡议为成渝地区双城经济圈便利地引进急缺的技术、资金、人才与管理等先进要素，增加外向型经贸发展维度，增强自我发展能力带来了机遇。

2. 构建国内外经济双循环格局的战略机遇

进入21世纪，全球经济发生重大变化，国际贸易和地区产业分工平衡被打破，最重要的事件包括：第一，信息技术革命的出现以及极速发展，拉大了国家间的经济差距；第二，美国次贷危机的蝴蝶效应让世界经济陷入长期低迷，一段时间内整个国际贸易几乎停滞；第三，在次贷危机之后，西方许多国家民粹主义盛行，贸易保护主义抬头，经济全球化遭遇逆流；第四，2020年新冠肺炎疫情影响深远，逆全球化趋势更加明显，直至今日全球产业链、供应链仍未恢复正常。于我国而言，我国现在面临外部环境变化带来新矛盾、新挑战，内部经济发展不平衡不充分、需要更好满足人民需求的新发展形势。我国应该在努力打通国际大循环的同时，进一步畅通国内大循环，提升经济发展的有效性、协调新、创新性、绿色性。

经济发展是螺旋式上升的过程，也是分阶段的。不同阶段对应不同的需求结构、产业结构、技术体系和关联方式，要求发展方式与时俱进①。比如，我国通过改革开放，抓住经济全球化的重要机遇，充分利用国际分工机会，扭转了我国人均收入水平低、经济水平低的局面，使人民生活从温饱不足变为全面小康，推动了经济高速增长。目前，国际形势严峻，国内生产体系内部循环不畅和供求脱节现象显现，结构转换复杂性上升，我国必须解决“卡脖子”问题。为解决这一问题，我国要在保证安全的情况下积极参与国际大循环，不断提高供给质量和水平，推动经济高质量发展。

我国已经形成拥有 14 亿人口、4 亿多中等收入群体的全球最大、最有潜力的市场。成渝地区双城经济圈作为我国西部高质量发展的主要载体，要利用我国经济纵深广阔的优势，发挥地理区位优势、人口优势、空间优势、资源优势、自然环境优势，释放巨大而持久的动能。

3. 新时代推进西部大开发形成新格局的战略机遇

从 1999 年西部大开发战略提出并实施至今，经过 20 余年的持续建设，我国西部地区整体发展水平已经得到提升。2020 年 5 月，《中共中央 国务院关于新时代推进西部大开发形成新格局的指导意见》发布，西部大开发战略也迎来了发展的新契机。该指导意见提出要贯彻新发展理念，形成大保护、大开放、高质量发展的新格局。指导意见中还提到“鼓励重庆、成都、西安等加快建设国际门户枢纽城市”，这确定了成都、重庆的定位是高质量发展的核心城市。“支持西部地区自由贸易试验区在投资贸易领域依法依规开展先行先试，探索建设适应高水平开放的行政管理体制”，为城市群高质量发展的协调机制建设提供了进一步的探索空间。

根据指导意见来看，成渝地区双城经济圈建设需要将安全上升到更高的位置——由主要强调“发展”转向“发展与安全双目标”。成渝地区双城经济圈为中国的发展与安全提供了重要的战略支点，有利于我国战备腹地的形成，构建战略缓冲机制，为发展提供更大的回旋空间。

基于此，成渝地区双城经济圈的对外开放格局也要做出调整，通过西部大开发，可加快对“一带一路”沿线国家的经贸合作辐射能力，推动新型全球

---

① 刘鹤. 加快构建以国内大循环为主体、国内国际双循环相互促进的新发展格局 [N]. 人民日报，2020-11-25 (6).

化。从国际大循环看，成渝地区双城经济圈促进面向欧亚大陆桥的开放，促进中国与“一带一路”倡议国家之间的经济循环。从国内大循环看，在成渝地区双城经济圈打造新的产业基地，能够促进不同区域间的经济内循环。这体现在我国继续鼓励企业走出去的同时，也鼓励产业往中西部梯度转移，避免重蹈部分国家的制造业空心化覆辙，防止全产业链优势被削弱。探索成渝地区双城经济圈高质量发展，就是探索西部地区实现高质量发展的路径，平衡我国区域经济发展，打造西部地区增长极，完善与拓展西部开发轴线，培育新的经济动能，推动西部地区的开放和开发走向更高水平。

随着“一带一路”建设的深入推进，西部大开发战略、新型城镇化战略和区域协调发展战略的深入实施，西部地区必将凭借“一带一路”倡议的东风，补齐区域发展短板，加快发展，为高质量发展和全面建成社会主义现代化强国贡献西部力量。从提出“一带一路”倡议到推进西部大开发形成新格局再到形成国内国际双循环格局的多重政策叠加，为我国成渝地区双城经济圈优化经济结构、转变经济发展方式、确定发展目标及方向、向东向南辐射成为新一轮开放前沿阵地提供了重要的战略机遇。面临多重政策利好的局面，成渝地区双城经济圈要抓住机遇，提升竞争能力和应变能力，加大对外开放，更有效地参与国际分工协作。

4. 新型城镇化加快推进的战略机遇

我国区域经济发展走过了从建设大城市到发展小城镇，再到大中小城镇协调发展，最后到城市群高质量发展的城镇化实践道路。中国特色城镇化道路一直是党和政府关注的重点，在城镇化战略上我国也先后经历了几轮大的调整。从城镇化到城市群的发展，我国在政策上主要经历了四个阶段。

第一阶段，新中国成立后至改革开放前，重点发展重工业城市。该时期主要是学习借鉴苏联的社会主义城市发展道路，政府通过高度的计划经济发展城市体系。当时，我国依然是一个农业大国，城市就是行政中心、经济中心，为了顺应发展重工业的战略目标，我国大力推动拥有丰富资源的城市发展。在国际形势复杂多变的情况下，为了经济安全，我国开启了“三线建设”，将工业设施大规模向中西部地区战略迁移，实现了以工业转移拉动城镇快速发展的目标。总体上看，新中国成立后，采取的城镇化政策符合发展实际，为我国城镇化发展奠定了基础。

第二阶段，改革开放后至 2000 年，小城镇发展迅速。1978 年党的十一届三中全会召开，我国发展重心逐步转移到经济建设上来。1978 年 3 月，国务院在北京召开全国城市工作会议，会议强调了城市在国民经济发展中的重要地位和作用，指出要控制大城市规模，多搞小城镇，强调了城市规划工作的必要性①。1980 年，国家建委发布《全国城市规划工作会议纪要》，“控制大城市规模，合理发展中等城市，积极发展小城市”是改革开放初期很长一段时间内我国城镇化发展的基本方针②。同时我国农村地区实行承包制改革，释放了大量劳动力。改革开放解放了思想，加快了我国向发达经济体学习的步伐，无论是城市还是乡村地区，都开始了经济建设。此时从农村解放出来的大批劳动力，通过乡镇企业转入非农产业，大部分集中在乡镇，由此造就了我国小城镇的空前繁荣。到 2000 年，全国城镇化率达到了 36.21%。

第三阶段，2001 年至党的十八大召开前，大中小城市和小城镇协调发展。“十五”计划提出，推进城镇化要遵循客观规律，与经济发展水平和市场发育程度相适应，循序渐进，走符合我国国情、大中小城市和小城镇协调发展的多样化城镇化道路。该时期大中小城市和小城镇实现协调推进。到了 2002 年，党的十六大明确提出科学发展观，要求各地政府“坚持大中小城市和小城镇协调发展，走中国特色的城镇化道路”。随着苏州、宁波、温州、厦门、东莞、深圳等一大批东南沿海城市的快速发展，大量中西部地区、欠发达地区的农民也流入东南沿海发达地区。到了 2011 年年末，我国常住人口城镇化率达到 51.27%。

第四阶段，党的十八大以后，开启了以城市群和都市圈为主体的城市发展道路。党的十八大提出“走中国特色新型城镇化道路”，重点突出以人为本、规模和质量并重。2017 年，党的十九大提出，“形成以城市群为主体，构建大中小城市和小城镇协调发展的城镇格局，加快农业转移人口市民化”。“十四五”规划提出，“发展壮大城市群和都市圈，分类引导大中小城市发展方向和建设重点，形成疏密有致、分工协作、功能完善的城镇化空间格局”。总之，我国人口基数庞大、区域发展不平衡，适宜人居的土地有限，目前我国在政策层面上基本确定以“19+2”的城市群为城镇化主体形态和主体架构的发展战略。此外，成渝地区双城经济圈规划也明确提出，以发挥优势、彰显特色、协同发展为导向，突出成都—重庆双城引领，强化成都都市圈和重庆都市圈双圈互动，促进以成都、重庆都市圈相向发展，渝东北、川东北地区一体化发展，川南、渝西地区融合发展，辐射带动川渝两省市全域发展为重点的两翼协同，

---

① 刘一庆. 城镇化 40 年 为实现伟大复兴的中国梦夯实根基[EB/OL].(2018-12-22)[2021-04-16].https://www.163.com/dy/article/E3K8O4OQ051289TJ.html.

② 国务院批转全国城市规划工作会议纪要 [J]. 中华人民共和国国务院公报，1980 (20)：646-652.

统筹大中小城市和小城镇发展，促进形成疏密有致、集约高效的空间格局。这些都为成渝地区双城经济圈加快推进城镇化建设，优化空间布局和改善人地矛盾提供了重要的战略支持。

三、面临的挑战

成渝地区双城经济圈既面临高质量发展的战略机遇，又面临诸多挑战。该地区发展不充分、发展不平衡的问题一直存在，其本身又处在长江上游生态屏障地区，城乡差距大，城镇化进程中生态环境保护和城乡统筹任务艰巨。

1. 城乡居民收入差距长期偏大

新中国成立后，计划经济体制下的国民经济被划分为农、轻、重三大板块。农业布局在农村，轻工业和重工业布局在城市。由于农业和工业发展的割裂，国民经济也就包括了城市经济和农村经济两个相对独立的部分。农村的生产效率、基础设施建设、农业产品附加值等方面本来就远远落后于城市，在这种情况下，国家仍然采取了压低农产品价格、提高工业制成品价格的“剪刀差”价格政策，把资金流引向城市，从而加快工业发展。这一政策的实施使得城乡差距进一步扩大。1978 年之前，城乡收入整体增长缓慢，城乡收入差距扩大速度较慢。改革开放以来，城乡二元结构日益明显，具体表现在：城乡收入水平差距持续拉大、城乡社会福利以及公共服务配置不平等程度加深，以及城镇与城镇之间、农村与农村之间的发展差距变大。改革开放之后，成渝地区城乡居民总体收入水平大幅上升，但城乡居民的收入差距日益扩大、财富日益向城市集中。

改革开放以来，城镇与农村居民的恩格尔系数逐渐下降，城乡居民总体生活水平不断提高，但是二者的生活水平始终存在差距。在改革开放初期，城乡居民的恩格尔系数分别接近 60%和 70%，表明城市居民基本处于温饱水平，而农村居民还停留在贫困状态。改革开放初期城乡收入差距已经存在，可以看成对新中国成立后执行的以农补工政策的累积结果的反映。我国城乡居民的恩格尔系数自 1978 年后逐年下降，表明城乡居民的生活水平在改革开放后逐年提高。但是，城市居民的恩格尔系数下降幅度更快，说明城市居民的生活水平相比农村居民提高得更快。农村居民收入提高速度较慢，恩格尔系数下降缓慢，直到 2000 年才降至 50%以下。

再从城乡居民的人均收入比来看，改革开放至今其只在 20 世纪 80 年代中后期的比值低于 2. 5∶1。特别是 2002—2012 年，城乡居民人均收入比长期居高不下，城镇居民收入竟比农村居民收入的三倍还要多。这一阶段正是城乡二元结构的固化阶段。城乡收入比长期居高不下是这一阶段的突出特征。即使到了 2018 年，城乡居民的人均收入比有所下降，但仍高于 2.5∶1，高于改革开放初期的城乡收入差距。如果将社会福利及其他补贴纳入城乡居民收入，那么中国仍然是世界上城乡收入差距最大的国家之一①。

2. 产业发展长期不协调

三次产业的协调，从社会资本再生产角度出发，就是解决三次产业之间以及各产业内部的比例和平衡问题。社会总供给要与总需求保持平衡，各产业之间必须保持一定的比例。当前，成渝地区双城经济圈产业发展总体上不协调，既影响到产业内部的转型与升级，又影响到城乡协调发展。

成渝地区双城经济圈的三次产业存在着产业间互动不足的问题。从农业与工业的互动来看，长期存在着农业生产效率不高，传统农业占比较大，工业对农业的渗透严重不足的状况。这导致产业链延伸不足，贸工农产业链没有深入农村，工业的前向、侧向、后向关联效应均没有得到较好发挥，制约了农业的大规模生产经营模式的推广。从工业与农业、服务业的互动来看，工业的转型升级亟须从农业和服务业中寻找突破口，增加附加值，拓宽转型路径②。此外，还要充分发挥现代生产性服务业的服务功能，带动农业和工业的转型与升级。

此外，在成渝地区双城经济圈经济发展过程中存在区域内产业同质化、次级城市发展不足等问题。比如：成都和重庆产业构成上极其相似，导致成渝两地产业竞争大于合作；而除开成渝两地外，其他城市的发展缓慢，经济总量低。因此成都和重庆两大核心城市应当探索形成具有各自优势的产业链，在加强优势产业的聚集的同时加深两地的合作，开发具有共同优势的产业链，其他城市也要积极培育自身的优势产业。成渝地区双城经济圈要利用宏观环境所带来的政策优势，充分发挥生产性服务业的规模效应和集聚效应，积极承接东部产业转移，逐步建成先进制造业基地，持续推进“放管服”改革，建设高标准市场体系，依法保护企业家合法权益，完善知识产权保护制度，发挥成渝地区的人口优势，提高产业链稳定性。

3. 生态保护压力大

成渝地区双城经济圈地处我国长江流域上游区段，是三峡库区生态安全核心区域，区内分布着三峡库区水土保持生态功能区、川滇森林生态及生物多样

---

① 李实. 中国个人收入分配研究回顾与展望［J］. 经济学季刊，2003，2（2）：379-404.

② 赵明亮. 新常态下中国产业协调发展路径：基于产业关联视角的研究［J］. 东岳论丛，2015（2）：123-129.

性功能区、秦巴生物多样性功能区等重要的陆域生态功能区，是我国长江上游和三峡库区重要的生态屏障。成渝地区双城经济圈已在践行新发展理念尤其是绿色发展上取得了突破性进展，生态建设成效显著。截至2020年年末区域内拥有国家森林城市13个，成为人民安享山清水秀绿色家园的样板地。

由此可见，成渝地区双城经济圈肩负着我国生态环境保护的重大使命。由于成渝地区双城经济圈地处长江上游河段，从我国生态安全格局的视角来说，其生态功能具有鲜明的独特性和不可替代性，其水源涵养、水土保持和洪水调蓄功能具有全局性，其生态服务功能将直接关系到长江流域未来中长期生态安全的总体水平和环境质量的演变趋势。但从目前的情况来看，成渝地区双城经济圈长期的经济人口压力已经给当地生态环境造成了巨大的破坏，这已限制了成渝地区双城经济圈的进一步发展①，成为未来成渝地区双城经济圈经济腾飞的隐患。

4. 与东部城市群发展差距明显

在我国四大城市群中，京津冀、长三角、珠三角三大城市群均位于沿海，经济活力强，承载人口多，形成了良好的产业集聚基地。这三大城市群处于城市群的成熟期，其城市群内已经实现网络化，极核的扩散效应开始显现，城镇规模发展处于稳定阶段。成渝地区双城经济圈地处西部，城市群还处在发育期，虽然属于西部地区经济发展最好的区域，但是比起东部三大城市群仍有较大差距，特别是经济密度远低于长三角与珠三角城市群。成渝地区双城经济圈尽管近年来经济增速较快，但与沿海三大城市群相比依然差距明显。成渝地区双城经济圈的核心任务依然是加强经济发展，发展不充分依然是当前最主要的问题。王青和金春发现珠三角、长三角和京津冀城市群经济发展水平均值要显著高于成渝城市群，后者仅有不足10%的城市达到了三大城市群的平均值，存在不平衡发展的风险②。

从2020年四大城市群内地区生产总值排名前30的城市数量来看，成渝地区双城经济圈只有重庆与成都两大城市入围，分别位列第5和第7位。成渝地区双城经济圈内的其他区域性城市经济总量较小，不能对城市群发展形成强有力的支撑。长三角城市群有20个城市进入四大城市群地区生产总值前30名，表明其不同层级城市协调发展，城市规模结构合理，经济发展均衡（见表3-1和表3-2）。

---

① 袁朱. 川渝城市群发展趋势研究［J］. 经济研究参考，2014（26）：50-60.

② 王青，金春. 中国城市群经济发展水平不平衡的定量测度［J］. 数量经济技术经济研究，2018，35（11）：77-94.

表 3-1　四大城市群的土地面积、常住人口与地区生产总值比较（2020 年）

城市群	土地面积/万平方千米	占全国总土地面积/%	常住人口/万人	占全国人口数量/%	地区生产总值/万亿元	占国内生产总值的比例/%
珠三角城市群	5.6	0.58	11 346	8.13	11.4	11
长三角城市群	21.17	2.2	17 020.18	12.20	23.7	23.38
京津冀城市群	22.13	2.3	11 270.10	8.08	8.5	8.38
成渝地区双城经济圈	18.5	1.9	11 442.79	8.20	6.8	6.7

数据来源：wind。

表 3-2　四大城市群内 2020 年地区生产总值排名前 30 的城市

城市	2020 年地区生产总值/亿元	2019 年地区生产总值/亿元	名义增长率/%	所在城市群
上海	38 701	38 155	1	长三角
北京	36 103	35 371	2	京津冀
深圳	27 670	26 927	3	珠三角
广州	25 019	23 629	6	珠三角
重庆	25 002	26 606	-6	成渝
苏州	20 171	19 300	5	长三角
成都	17 700	17 013	4	成渝
杭州	16 106	15 373	5	长三角
南京	14 818	14 030	6	长三角
天津	14 084	14 104	0	京津冀
宁波	12 409	11 985	4	长三角
无锡	12 370	11 852	4	长三角
佛山	10 816	10 751	1	珠三角
合肥	10 046	9 409	7	长三角
南通	10 036	9 383	7	长三角
东莞	9 650	9 483	2	珠三角

表3-2（续）

城市	2020 年 地区生产总值 /亿元	2019 年 地区生产总值 /亿元	名义增长率 /%	所在城市群
常州	7 805	7 401	5	长三角
徐州	7 320	7 151	2	长三角
唐山	7 211	6 890	5	长三角
温州	6 871	6 606	4	长三角
扬州	6 048	5 850	3	长三角
绍兴	6 001	5 781	4	长三角
石家庄	5 935	5 810	2	京津冀
盐城	5 900	5 702	3	长三角
嘉兴	5 510	5 370	3	长三角
泰州	5 312	5 133	3	长三角
台州	5 263	5 134	3	长三角
金华	4 704	4 560	3	长三角
惠州	4 221	4 177	1	珠三角
镇江	4 220	4 127	2	长三角

数据来源：历年《中国城市统计年鉴》。

第三节　成渝地区双城经济圈高质量发展的目标

一、建设全国内陆开放新高地

要充分发挥成渝地区双城经济圈处于长江经济带与丝绸之路经济带接合部的区位优势，以及“双循环”背景下的时代机遇。这些优势和机遇具体包括：第一，充分利用长江黄金水道的优势，构建对外交通网络体系，深化长江经济带的区域合作；第二，落实国家“一带一路”倡议和长江经济带延伸带动战略，打造国家西向和南向开放战略的高地；第三，紧扣国家全面扩大内陆开放的政策，积极探索内陆地区对外开放的新途径和新模式，积累新格局下的重要经验，并为未来发展提供借鉴。

具体来说，要综合考虑地理距离与国际地缘政治因素：一是通过深化与滇中区域的合作，积极打造中国、印度、缅甸、孟加拉国经济走廊，最终抵达孟加拉湾，打通我国又一个出海国际大通道，可以摆脱“马六甲”困境，直达印度洋，融入国际大循环，实现大开放①。二是东盟地区已经成为我国经贸合作的重要伙伴，是未来一段时间我国开拓市场的关键区域。成渝地区双城经济圈要立足泛珠区域合作基础，不断强化同广西和粤港澳大湾区的合作，继而实现同东盟及周边区域的经贸合作。三是落实好与“一带一路”沿线国家特别是陆上丝绸之路沿线国家和地区的合作，改善成渝地区联系西北地区的交通通道条件，加强同陕西、甘肃、新疆等陆上丝路沿线地区的联系、合作，依托“渝新欧”“蓉欧”等中欧班列通道，推进与中亚、欧洲等地的经济联系，将重庆打造为西部开发开放重要支撑，将成都等打造为内陆开放型经济高地。综上，就是要通过建设全国内陆开放新高地，为我国统筹推进双循环发展格局提供重要支撑。

二、建设西部重要的经济中心和产业基地

产业分工协作能够优化产业布局，加快城镇化进程，增强区域经济辐射能力。产业集群加速了不同规模等级城市的空间群聚。这些不同规模等级的城市共同构成了城市层级体系。合理的城市层级体系能够充分发挥不同层级城市的经济辐射带动作用，通过优化核心城市功能，发展壮大非核心城市。在城市群发展一般性规律的基础上，要充分考虑成渝地区产业演进规律的特殊性，探索成渝地区内部各城市间形成的产业分工协作关系，从而实现产业协调错位发展。

2011 年国务院批准的《成渝经济区区域规划》（以下简称《规划》）就提出，重庆市要建设金融、商贸、会展之都和国际旅游城市以及经济繁荣、社会和谐、环境优美的国际大都市，并要求提升两江新区综合功能，打造我国内陆重要的先进制造业和现代服务业基地，建成功能现代、产业高端、总部集聚、生态宜居的内陆新区②。成都市要建设高端产业集中、高端服务业集聚、宜业宜商宜居的国家创新型城市和国际旅游城市以及城乡一体化、全面现代化、充分国际化的大都市，并把规划建设天府新区作为提升城市功能的一项重要举措；要求天府新区重点发展总部经济和循环经济，加快发展战略性新兴产业。为做强区域性核心城市和壮大重点城镇，《规划》提出支持万州和绵阳等 15 个城市（区）适当扩大城市规模发展，成为 100 万人口以上的城市（区），

---

① 李后强，秦勇．建设内陆开放高地突破成渝“椭圆困境”［J］．西南石油大学学报（社会科学版），2011，13（3）：72-73，3.

② 付毅．2012 年成都经济展望［M］．成都：四川科学技术出版社，2012.

努力打造一批特色鲜明的重点旅游镇、工业镇和商贸镇，对这一地区走新型城镇化道路的任务进行了部署。

西部大开发战略施行20多年以来，成渝地区经济社会发展取得很大进步，但整体上与东部沿海地区仍有较大差距，特别是存在着产业结构不合理、产业竞争力有待提升以及重大基础设施相对薄弱、支撑能力亟待加强的问题。这与未建立起合理的城市层级体系密切相关。由于非核心城市的规模不大，且大城市缺位问题长期存在，一方面使得成渝两地的经济辐射能力受到制约，另一方面经济能量有限的非核心城市为成渝两市提供的支撑力量约束了成渝双核进一步做强做大。当前，成渝地区双城经济圈已经具备较好的产业基础，需要进一步挖掘产业潜力，围绕建成全国重要的现代产业基地的定位，通过推动产业结构优化升级来突出特色，发挥成渝地区的产业优势。

成渝地区双城经济圈要做强工业主导产业，聚焦航空航天、轨道交通、能源装备、工业机器人、仪器仪表、数控机床、摩托车等领域，培育世界级装备制造产业集群，加快建设全国重要的重大装备制造业基地、汽车摩托车整车及零部件生产研发基地、电子信息产业基地、民用航空产业基地、特色中药研发生产基地。同时，成渝地区双城经济圈要大力发展数字经济，培育发展现代服务业，引导制造业企业延伸服务链条、发展服务环节，推动生产服务型企业创新服务供给，提升制造业服务水平和全产业链价值；要把物流业、金融业、科技服务业、商贸会展业、旅游业、休闲娱乐业等现代服务业作为发展方向和重点。

三、我国城乡融合发展的示范区

长期以来，成渝地区是我国城乡二元结构较为显著的区域，区域内既有经济发展较快的成都市、重庆市主城区，又有经济发展相对缓慢的秦巴山区。国家在2007年6月确定重庆、成都为全国统筹城乡综合配套改革试验区。2016年3月，国务院常务会议通过了《成渝城市群发展规划》，其中明确提出，要统筹规划城乡发展示范区，深化重庆、成都全国统筹城乡综合配套改革试验区建设，重点突破农业转移人口市民化、农村产权流转交易、新型农业经营体系构建、城乡要素自由流动、城乡统筹规划、农村基层治理创新等方面的体制机制障碍，总结推广行之有效的经验做法，全域推进城乡统筹发展，形成以工促农、以城带乡、工农互惠、城乡一体的新型工农、城乡关系。2020年1月3日，中央财经委员会第六次会议提出推动成渝地区双城经济圈建设，在西部形成高质量发展的重要增长极。同年，国家发改委发布的《2020年新型城镇化建设和城乡融合发展重点任务》，提出要加快推进国家城乡融合发展试验区改革探索，全面推开农村集体经营性建设用地直接入市，加快引导工商资本入乡发展，促进城乡公共设施联动发展。2021 年 10 月，中共中央、国务院印发了《成渝地区双城经济圈建设规划纲要》，要求以缩小城乡区域发展差距为目标，推动要素市场化配置，破除体制机制弊端，加快建设国家城乡融合发展试验区，形成工农互促、城乡互补、协调发展、共同繁荣的新型工农城乡关系。下一个阶段，要使农村居民、进城务工人员及其家属与城市居民共享平等发展的权利、均等的公共服务和同质化生活条件。城乡融合发展的任务还很艰巨。党的十九大提出，要实施乡村振兴战略，建立健全城乡融合发展体制机制和政策体系。成渝地区双城经济圈建设必须在城乡之间推动要素高效配置、公共资源均衡配置，加快建设国家城乡融合发展试验区，推动人口、土地、资金等城乡要素高效配置，形成工农互促、城乡互补、协调发展、共同繁荣的新型工农城乡关系，从根本上消除城乡二元结构，让城乡居民平等参与现代化进程、共同分享现代化成果。

第四章　成渝地区双城经济圈的形成与特征分析

随着我国快速交通干道的加快建设、市场经济的逐步开放以及信息化时代的到来，成渝地区城市规模不断发展壮大，城市间人员、货物、信息、能量等要素往来愈加频繁和紧密，逐步形成由不同规模等级、不同职能分工的城市所构成的空间组织紧凑、经济联系紧密的城市集合体，即成渝地区双城经济圈。由于我国体制机制的原因，成渝地区城市的发展带有强烈的行政干预色彩，本章以新中国成立为起点，以成渝地区重大发展策略的提出与转变为依据，对成渝地区城市的发展历程进行回顾。

第一节　成渝地区双城经济圈的历史渊源

成渝之争，由来已久。早在唐宋时期，因为有一定的地形优势，成都平原的商品经济就率先发展起来，这种优势一直持续到晚清。当西方列强强迫我国开放通商口岸之后，由于沿江的优势，1891 年重庆海关成立，为重庆成为商业中心、金融中心、航运中心、工业中心奠定基础①。民国时期，南京国民政府西迁，重庆成为陪都，大部分政府机关也相继迁入重庆。重庆此时成为一个政治中心。新中国成立初期，重庆不仅是中央直辖市，还是西南大区军政委员会所在地。但 1954 年，中央取消了重庆直辖市的地位，并将其划归四川管理；1958 年，中央将西南局驻地改为成都，成都凭借国家政策和作为省会的优势开始迅速发展②。1997 年，重庆正式成为直辖市，和成都一起成为西南地区两

---

① 周勇. 近代重庆经济中心的初步形成［J］. 社会科学研究. 1989（5）：100-108，22.

② 谢春林，牟泽勇，鲁振川. 成渝之争的" 前世今生"：浅析成渝之争的历史渊源，发展现状及未来发展走向［J］. 西江月，2012（19）：145.

大经济中心和科技中心，成都和重庆也都有成为西南中心城市的潜力和实力。2010 年 2 月，住房和城乡建设部发布的《全国城镇体系规划（2010—2020 年）》明确提出要建设北京、天津、上海、广州、重庆五大国家中心城市。2016 年 5 月至 2018 年 2 月，国家发展和改革委员会、住房和城乡建设部发函支持成都、武汉、郑州、西安建设国家中心城市。由此，成都和重庆都成为国家中心城市，属于国家尺度下的最高等级城市。

成渝合作，渊源深厚。成都和重庆之间经济实力相差并不大，成渝两市资源禀赋以及经济结构的差异，决定了两市在互利互惠的基础上加强合作的必要性和可能性。比如，成都轻工业更强，而重庆在重工业方面优势明显，两市在服装和纺织这一领域互补性很强①。基于已有的合作基础，从 1958 年宝成铁路通车开始，不仅是成渝，重庆和四川其他地区（重庆直辖后为整个四川）的合作都在逐渐加强。1978 年，成渝城市群所在地区的城市数量为 12 个，具体包括成都市、重庆市、自贡市 3 个省辖市和绵阳市、内江市、泸州市、乐山市、宜宾市、南充市、达县市、万县市 8 个县级市，由此形成了成渝城市群的雏形②。

但四川和重庆的一体化直到 21 世纪才提上日程。2001 年，成都、重庆两地签订《重庆-成都经济合作会谈纪要》，提出携手打造“成渝经济走廊”，标志着成渝地区开始由“行政区经济”走向“经济区经济”。2003 年，中国科学院地理科学与资源研究所的研究报告《中国西部大开发重点区域规划前期研究》提出：“在未来 5 至 10 年内，要积极构建以成渝两大都市为中心、各级中心城市相互联系和合作的中国西部最大的双核城市群，形成西部大开发的最大战略支撑点，西部地区人口、产业、信息、科技和文化等集聚中心，长江上游经济带的核心。”这是在国家层面的报告中首次出现“成渝经济区”的概念。2006 年，国家西部大开发“十一五”规划出台，明确提出建设成渝经济区。2010 年，《成渝经济区区域规划》经国家发改委主任办公会审议通过，上报国务院审批。2011 年，《国务院关于成渝经济区区域规划的批复》提到，原则同意《成渝经济区区域规划》。2016 年，国务院印发《关于成渝城市群发展规划的批复》（国函〔2016〕68 号），批复同意《成渝城市群发展规划》。2020 年 1 月 3 日，中央财经委员会第六次会议召开，会上提出要推动成渝地区双城经济圈建设，在西部形成高质量发展的重要增长极。

---

① 黄炳康，李忆春，吴敏. 成渝产业带主要城市空间关系研究［J］. 地理科学，2000（5）：411-415.

② 况人瑞. 成渝城市群发展演化特征及其影响因素研究［D］. 重庆：西南大学，2020：27.

2021年10月20日，中共中央、国务院印发了《成渝地区双城经济圈建设规划纲要》。该规划纲要指出，成渝地区双城经济圈位于“一带一路”和长江经济带交会处，是西部陆海新通道的起点，具有连接西南西北，沟通东亚与东南亚、南亚的独特优势。区域内生态禀赋优良、能源矿产丰富、城镇密布、风物多样，是我国西部人口最密集、产业基础最雄厚、创新能力最强、市场空间最广阔、开放程度最高的区域，在国家发展大局中具有独特而重要的战略地位。该规划纲要明确了成渝地区双城经济圈的战略定位，即具有全国影响力的重要经济中心、科技创新中心、改革开放新高地、高品质生活宜居地。根据该规划纲要，到2025年，成渝地区双城经济圈经济实力、发展活力、国际影响力大幅提升，一体化发展水平明显提高，区域特色进一步彰显，支撑全国高质量发展的作用显著增强；到2035年，建成实力雄厚、特色鲜明的双城经济圈，成为具有国际影响力的活跃增长极和强劲动力源①。

成渝两市是成渝地区双城经济圈的核心增长极，整个地区的双核心结构明显。在核心城市的引领下，成渝地区双城经济圈将在要素集聚、开放格局构建方面取得新的突破。成渝地区双城经济圈发展的相关政策见表4-1。

表4-1　成渝地区双城经济圈发展的相关政策

年份	标志文件	主要内容
2011	《成渝经济区区域规划》	把成渝经济区建设成为西部地区的重要经济中心、全国重要的现代产业基地、深化内陆开放的试验区、统筹城乡发展的示范区、长江上游生态安全的保障区
2014	《成渝经济区南部城市群发展规划（2014—2020年）》	南部城市群将做大做强自贡、泸州、内江、宜宾，有序拓展发展空间，强化核心城市协作联动、共同发挥辐射带动作用
2015	《成渝地区城际铁路建设规划（2015—2020年）》	完善成渝城市群追踪和运输交通体系，优化运输结构，加快新型城镇化建设，促进区域一体化发展
2015	《关于加强两省市合作共筑成渝城市群工作备忘录》	推动交通、信息和市场三个一体化，首次提出联手规划都市消费品、石油天然气化工、特色资源加工三大产业走廊

① 中共中央 国务院. 成渝地区双城经济圈建设规划纲要［EB/OL］.（2021-10-21）［2022-03-19］. http://www.gov.cn/xinwen/2021-10/21/content_5643875.htm.

表4-1(续)

年份	标志文件	主要内容
2016	《成渝城市群发展规划》	探索新型城镇化和农业现代化合作共进的新路径，推进西部大开发和长江经济带建设，释放中西部地区巨大的内需潜力，发挥其沟通西南西北、连接国内国外的独特优势
2017	《渝西川东次区域十年发展方案》	编制推进生态保护、基础设施、产业和发展规划，推动渝西川东区域合作发展的“施工图”
2018	《深化川渝合作深入推动长江经济带发展行动计划（2018—2022年）》	川渝两地将在推动生态环境联防联控联治、推动基础设施互联互通、推动开放通道和平台建设、推动区域创新能力提升、推动产业协作共兴等方面展开深入合作
2020	《成渝地区双城经济圈建设规划纲要》	强化重庆和成都的核心城市带动作用，推进成渝地区统筹协同发展，促进产业人口及各类生产要素合理流动和高效集聚，加快形成改革开放新动力，加快塑造创新发展新优势，加快构建与东部沿海合作互动的新格局

数据来源：根据四川省和重庆市政府网站发布的相关资料整理。

第二节　经济与人口双核心特征

一、经济双核心特征

成渝地区双城经济圈作为我国西部经济最发达的地区，也是西部城市化水平相对较高的地区。从时间上来看，2010—2019年经济发展较为迅速，经济快速增长，西部大开发战略的实施效果尤为突出。2010—2019年成渝地区生产总值如图4-1所示。

但是，从空间上来看，该经济圈内各城市的经济贡献率差异较大。2019年，经济贡献率主要来源于成都、重庆两市，两市总和占整个经济圈地区生产总值的62%。其中重庆市经济贡献率占经济圈地区生产总值的36%，成都市经济贡献率占经济圈地区生产总值的26%。两市排名一、二位，遥遥领先于经济圈内其他城市。绵阳市的经济总量排在第三位，其经济贡献率占比只有4%；排名最后的城市雅安的经济贡献率只有1.1%。其他城市的经济贡献率均在1%~4%，差距不大。经济圈内各市间的经济总量差距较大，首位城市与非首位城市差距过大而出现断层。成都市与重庆市的中心地位尤为明显。2019年成渝地区双城经济圈的地区生产总值为 65 060.41 亿元，其经济空间分布呈现显著不均衡的特征。

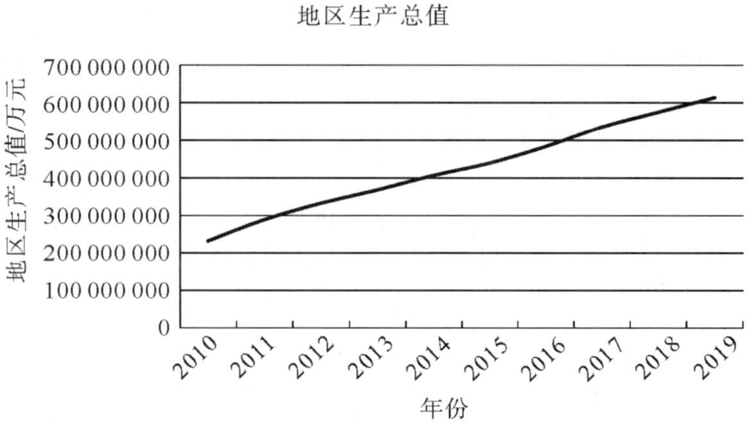

图 4-1　2010—2019 年成渝地区生产总值

数据来源：根据《四川统计年鉴》《重庆统计年鉴》数据计算。

为了深入分析成渝地区双城经济圈经济空间结构分布情况，本部分选取地区生产总值、财政收入、社会消费品零售总额、实际利用外资金额 4 项指标分别进行分析。2019 年，重庆市的地区生产总值达到 23 605.77 亿元，占整个经济圈地区生产总值的 36.28%，位列第一；财政收入为 2 134.9 亿元，占经济圈总财政收入的 42.32%，位列第一；社会消费品零售总额为 11 631.7 亿元，占经济圈社会消费品零售总额的 37.67%，位列第一；实际利用外资金额为 103.1 亿美元，占经济圈实际利用外资金额的 41.99%，位列第二。4 项指标中，成都市前三项指标所占比重排名第二，第四项指标占比排名第一。从上述各项经济指标可看出，重庆市与成都市作为经济圈内的两大核心城市，其每项指标总和均达到整个经济圈总量的 60%以上，特别是实际利用外资金额达到了成渝经济圈 90%以上的份额。成都市与重庆市的各项经济指标均是排在第三位城市指标的 3~4 倍（见表 4-2、表 4-3 和图 4-2）。由此可见，2019 年成渝地区双城经济圈的总体结构特征是以成都市、重庆市为核心的双核心结构。

表 4-2　成渝地区双城经济圈各市 2019 年地区生产总值与财政收入的绝对值与占比

城市	地区生产总值/亿元	占比/%	财政收入/亿元	占比/%
重庆市	23 605.77	36.28	2 134.90	42.32

表4-2(续)

城市	地区生产总值/亿元	占比/%	财政收入/亿元	占比/%
成都市	17 012.65	26.14	1 483.00	29.40
自贡市	1 428.49	2.19	61.25	1.21
泸州市	2 081.26	3.19	159.60	3.16
德阳市	2 335.90	3.59	125.00	2.47
绵阳市	2 856.20	4.39	131.15	2.60
遂宁市	1 345.73	2.06	69.27	1.37
内江市	1 433.30	2.20	63.64	1.26
乐山市	1 863.31	2.86	116.73	2.31
南充市	2 322.22	3.56	123.32	2.44
宜宾市	2 601.89	3.99	175.49	3.47
广安市	1 250.40	1.92	85.70	1.69
达州市	2 041.50	3.13	107.60	2.13
资阳市	777.80	1.19	53.10	1.05
眉山市	1 380.20	2.12	110.77	2.19
雅安市	723.79	1.11	43.01	0.85
合计	65 060.41		5 043.53	

数据来源：根据《四川统计年鉴2020》《重庆统计年鉴2020》数据计算。

表4-3　各市2019年社会消费品零售总额与实际利用外资金额的绝对值与占比

城市	社会消费品零售总额/亿元	占比/%	实际利用外资金额/亿美元	占比/%
重庆市	11 631.70	37.67	103.10	41.99
成都市	8 313.40	26.92	131.00	53.39
自贡市	598.88	1.93	0.96	0.04
泸州市	1 032.13	3.34	1.46	0.59
德阳市	893.99	2.89	1.00	0.41
绵阳市	1 419.47	4.59	2.04	0.83
遂宁市	479.06	1.55	0.58	0.24
内江市	577.33	1.86	0.31	0.13
乐山市	766.51	2.48	0.44	0.18
南充市	1 241.09	4.01	0.83	0.34

表4-3(续)

城市	社会消费品零售总额/亿元	占比/%	实际利用外资金额/亿美元	占比/%
宜宾市	1 045. 06	3. 38	0. 42	0. 17
广安市	564. 31	1. 82	0. 56	0. 23
达州市	1 098. 89	3. 55	0. 65	0. 26
资阳市	387. 05	1. 25	1. 18	0. 48
眉山市	556. 05	1. 80	1. 05	0. 43
雅安市	271. 14	0. 87	0. 68	0. 28
合计	30 876. 06		245. 52	

数据来源：根据《四川统计年鉴 2020》《重庆统计年鉴 2020》数据计算。

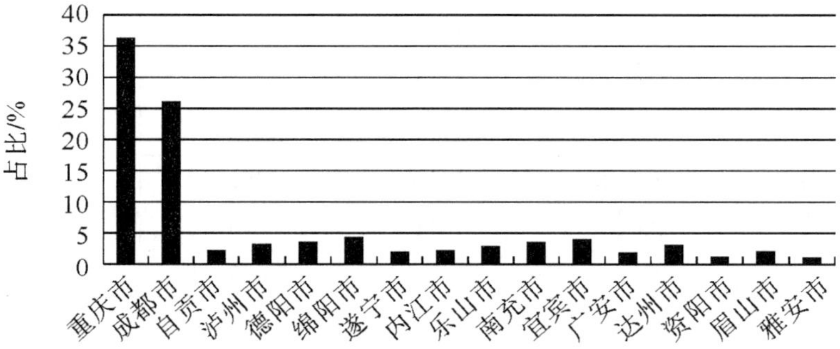

图 4-2　2019 年经济圈内各城市地区生产总值占比

数据来源：根据《四川统计年鉴》《重庆统计年鉴》数据计算。

以上指标均为总量指标。考虑到各市的人口规模各异，人均指标应是评价地区经济发展水平的更为客观的标准。成渝地区双城经济圈内的 16 个城市 2010 年、2015 年、2019 年三个年度的人均地区生产总值指标见表 4-4。

表 4-4　2010 年、2015 年和 2019 年成渝地区双城经济圈人均地区生产总值

单位：元

城市	2010 年	2015 年	2019 年
重庆市	27 596	52 321	75 828
成都市	48 510	74 273	103 386
自贡市	23 053	41 447	48 904

表4-4(续)

城市	2010 年	2015 年	2019 年
泸州市	16 698	31 714	48 105
德阳市	25 335	45 701	65 745
绵阳市	20 053	35 754	58 685
遂宁市	14 498	27 868	42 113
内江市	18 022	32 080	38 743
乐山市	22 990	39 973	56 999
南充市	13 212	23 881	36 073
宜宾市	19 499	34 060	57 003
广安市	15 588	31 046	38 522
达州市	14 623	24 342	35 625
资阳市	16 644	35 702	31 019
眉山市	18 586	34 379	46 168
雅安市	18 787	32 523	46 984

数据来源：根据《四川统计年鉴》《重庆统计年鉴》数据计算。

通过对图 4-3 的分析发现：成渝地区双城经济圈人均地区生产总值总体上呈持续增长的趋势。成渝地区双城经济圈经济发达的地区主要集中于成渝二市及与成都接壤的城市。2010 年，成都市的人均地区生产总值为 48 510 元，远高于其他城市，有着明显的核心地位，且在经济圈内一直保持领先。排名第二为重庆，全市人均地区生产总值为 27 596 元；第三为德阳，人均地区生产总值为 25 335 元。直到 2019 年，人均地区生产总值最高的地区仍然为成都、重庆和德阳。余下的 13 市，其人均地区生产总值差距不大，表明成渝地区双城经济圈的经济空间分布较为集中，中间层次空间单元尚不能为整个经济圈的经济增长提供有力的支撑。如何提升成渝地区双城经济圈地级市的经济支撑作用是不可回避的重要问题。

再来看各市之间的差距。2010 年经济圈内人均地区生产总值排名第一的城市与最后的城市绝对差距为 3 万余元，至 2019 年绝对差距则扩大为 7 万余元。这表明，经济圈内核心城市对非核心城市的经济带动作用尚未充分发挥，核心城市“一枝独秀”的经济发展格局亟待做出调整。

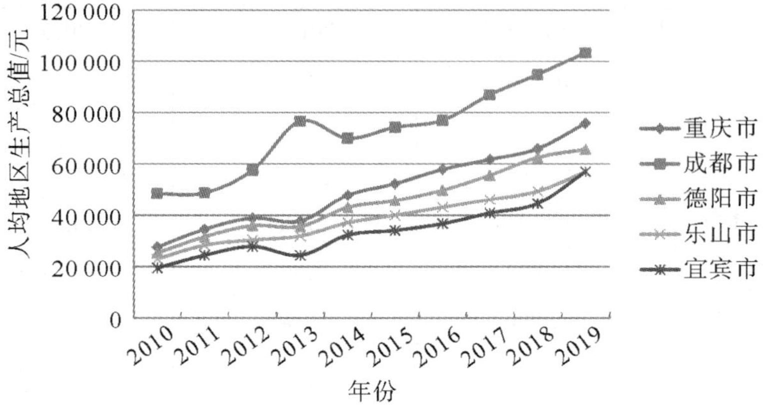

图 4-3　2010—2019 年经济圈内人均地区生产总值排名前五的城市

数据来源：根据《四川统计年鉴》《重庆统计年鉴》整理。

二、人口双核心特征

城市人口规模是人口空间结构分布特征的主要反映，是衡量城市规模与等级的重要标志。2019 年成渝地区双城经济圈总人口为 11 011 万，比 2005 年的总人口增加约 500 万，总人口呈稳步上升的趋势。

从地理空间上看，成渝地区双城经济圈的人口分布主要集中在重庆市与成都市。以 2005 年为例，重庆市人口占比为 30.3%，成都市人口占比为 10.3%，南充、达州、绵阳、宜宾、泸州人口占比分别为 6.9%、6.1%、4.8%、4.9%、4.5%（见表 4-5）。2019 年，重庆市人口占比为 31%，成都市人口占比为 13.6%，南充、达州、绵阳、宜宾、泸州人口占比分别为 6.6%、6.0%、4.8%、5.0%、4.6%。从表 4-5 来看，成都市的人口在过去若干年内占比上升，而其余地级市存在人口占比普遍下降的现象，多数地级市的人口数量绝对值出现了下降，表明人口在地级市存在净流出现象，而成都与重庆的人口则在净流入。

表 4-5　2005—2019 年经济圈内城市人口数量　　单位：万人

城市	2005 年	占比	2010 年	占比	2015 年	占比	2019	占比
重庆市	3 169.16	0.303	3 303.45	0.305	3 371.84	0.307	3 416	0.310
成都市	1 082.03	0.103	1 149.07	0.106	1 228.05	0.111	1 500	0.136
自贡市	317.28	0.030	325.96	0.030	327.46	0.029	320	0.029

表4-5(续)

城市	2005 年	占比	2010 年	占比	2015 年	占比	2019	占比
泸州市	479. 63	0. 045	502. 32	0. 046	505. 68	0. 046	509	0. 046
德阳市	382. 41	0. 036	389. 15	0. 035	389. 99	0. 035	384	0. 035
绵阳市	530. 71	0. 050	541. 87	0. 050	545. 48	0. 049	531	0. 048
遂宁市	374. 58	0. 035	381. 43	0. 035	378. 75	0. 034	362	0. 033
内江市	420. 32	0. 040	425. 53	0. 039	420. 43	0. 038	408	0. 037
乐山市	347. 9	0. 033	353. 35	0. 032	353. 79	0. 032	350	0. 032
南充市	728. 94	0. 069	751. 72	0. 069	742. 33	0. 067	724	0. 066
宜宾市	519. 19	0. 049	539. 02	0. 049	552. 08	0. 050	552	0. 050
广安市	454. 55	0. 043	466. 16	0. 043	467. 39	0. 042	459	0. 042
达州市	640. 24	0. 061	685. 49	0. 063	682. 8	0. 062	659	0. 060
资阳市	488. 91	0. 046	501. 13	0. 046	503. 68	0. 045	342	0. 031
眉山市	340. 74	0. 032	349. 08	0. 032	349. 16	0. 031	342	0. 031
雅安市	154. 32	0. 014	154. 9	0. 014	154. 91	0. 014	153	0. 014
合计	10 431		10 820		10 974		11 011	

数据来源：历年《四川统计年鉴》《重庆统计年鉴》。

注：表中城市人口为全域人口。

从人口的变动趋势来看，成渝地区双城经济圈具有以下两个人口特征。一是双核心特征。以成都、重庆为核心的中心城市人口虹吸效应明显，2005—2019 年的常住人口数量持续上升。两市对经济腹地其余城市的人口吸引力非常强。二是其余城市存在着人口减少问题。从表 4-5 可知，2019 年与 2015 年相比，遂宁市、内江市、南充市、雅安市、资阳市五市的人口数量出现绝对下降。在人口持续下降背景下，这些城市如何维持自身竞争力，产业转型的路径探索将成为这些城市今后较长一段时期内关注的重点。德阳市、绵阳市、乐山市、广安市、达州市、眉山市六市的人口规模虽然增加，但是在经济圈所占的人口比重却在下降，表明人口吸引力不足。泸州、宜宾两市凭借在酿酒、冶金、机械产业方面的已有优势，经济发展势头良好，人口数量与占比均有上升，表明城市对人口的吸附能力与该市的产业发展息息相关。

三、经济腹地交通网络化格局初成

区域经济的三大构成要素，经济中心、经济腹地、经济网络，缺一不可。区域经济中心一般是中心城市，中心城市在经济发展中逐渐通过经济集聚与辐射，沟通区域内部，加强自身与其他城市间的经济联系，有效地优化资源与要素的空间配置。要素从经济腹地源源不断地通过经济网络向经济中心流动。经济中心则通过扩散效应对经济腹地进行反馈。从区域经济增长的产业在空间的分布来看，传统的农业社会以分布在乡村的农业为支柱产业，城市只是农产品交易的场所，要素集聚的功效未能显现。进入工业社会后，区域经济增长则是以城市的工业为支柱的。伴随我国从传统的农业社会进入工业社会，我国区域经济增长模式已经发生了从以农业为主到以城市工业为主导产业的根本转变。因此，成渝地区双城经济圈经济加快发展的重要因素之一，就是要实现区域经济增长模式转变为以城市为主导。如前所述，当前成渝地区双城经济圈尚未形成较为合理的城市体系，地级市的支撑作用未能发挥，同时双核心城市的扩散作用小于虹吸作用。因此，加快新城经济腹地的网络化架构迫在眉睫。这主要是通过加速交通管网建设，在水路、公路、铁路、航空等方面形成全方位、立体的交通网络，促进要素的快速流动，使生产要素在城市群内得到更有效率的配置。

目前已经基本形成基于交通干线网络的成渝地区双城经济圈骨架。重庆与成都为我国西部的两大综合交通枢纽，高速铁路、城际铁路和高速公路的网络支架已经构建完成，机场群初步形成，两市已经形成支撑和引领经济圈的要素流动的骨架。要进一步打造成渝之间、成渝与周边地级市间、相邻地级城市间的 1 小时交通圈，带动经济圈其余城市加快发展。兰渝铁路、成渝高速铁路已经建成，渝昆铁路将拓宽经济圈与外界的联系。高速公路方面，黔江至石柱、开县至城口、荣昌至泸州、绵阳至九寨沟、仁寿至攀枝花、德阳至都江堰等国家高速公路正在开工建设，有助于经济圈内更加便捷的交流，缩短空间距离。在水运方面，经济圈内以重庆主城为中心，建设万州、涪陵、合川、江津、泸州等重点港（港区），建设长江干线及岷江、嘉陵江、乌江等高级航道①。航空方面，经济圈内进一步强化了重庆、成都航空的枢纽功能，新建了乐山机场、成都天府国际机场。

① 秦尊文. 长江经济带城市群战略研究［M］上海：上海人民出版社，2018.

四、成渝地区双城经济圈格局初步形成

在市场经济条件下，区域之间的经济联系主要是城市之间的经济联系，这种联系的区域空间现象，表现为城市经济圈①。目前成渝地区形成了以成都与重庆核心城市为中心的城市经济圈。成都市是四川省经济、人口的首位城市，又是西南地区的交通枢纽和经济中心。重庆市是四大直辖市之一，经济实力雄厚，是长江经济带上游地区的特大城市之一，是长江上游流域的经济中心。成渝地区双城经济圈要形成合理的城市规模结构，就要培育并增强经济圈的经济中心功能，充分发挥核心城市的带动作用。成渝地区双城经济圈有一定产业基础，但与我国其他“增长极”还存在明显差距。2019 年该地区制造业总就业规模为 900 万人左右，只相当于珠三角地区在 1990 年左右、长三角地区在 1985 年左右的水平。事实上，实际生产力差距要远大于地区生产总值统计数字的差距。背后的原因在于，成渝地区劳动力长期流失，造成劳动密集型的轻工业未能得到充分发展，工业化没有经过完整的积累过程。

通过以上分析可知，成渝地区双城经济圈具备典型的经济双核心特征。就空间特征来看，成渝两市同属四川盆地，空间距离 300 多千米，通过成渝铁路、成渝高速连接，地域毗邻。两市间交通干线的建设使两市的腹地范围进一步拓展、交互。各个腹地通过成渝高速、成渝铁路、遂渝高速等交通轴线连接。双核强烈的扩散效应不断深入腹地，加强了腹地间的联系。

---

① 刘茂松. 基于长株潭城市群增长极的洞庭湖腹地经济发展战略思考：创建国家级洞庭湖中国特色农业现代化示范区的建议［C］//湖南省洞庭湖区域经济社会发展研究会. 洞庭湖发展论坛资料汇编. 岳阳：湖南省洞庭湖区域经济社会发展研究会，2010：11.

第五章　基于产业集群的成渝地区双城经济圈产业高质量发展

第一节　产业集群视角下城市群发展机理分析

一、产业集群的内涵

马歇尔在其著作《经济学原理》中研究产业内部出现的企业地理集中现象，并阐述了这种企业地理集中现象的外部规模效应。他提出了企业集群的概念，认为这种集群是因在历史与自然共同限定的区域内的大量中小企业积极地相互作用而形成。具有代表性的产业集群的概念是由美国人迈克尔·波特提出的。在《国家竞争优势》一书中，波特通过对10个工业化国家的考察发现，在国家工业化过程中产业集群的出现是一种普遍现象。波特将产业集群定义为特定产业在地理上集中且有分工合作关系的不同规模等级的企业，以及与其发展有关的专业化供应商、服务供应商等行为主体，通过纵横交错的网络关系紧密联系在一起的空间积聚体。不同产业集群的纵深程度和复杂性各不相同。

与我国经济发展阶段相适应，国内学者对产业集群的研究较晚，开始于20世纪90年代。较早对产业集群概念做出界定的是仇保兴①，他把产业集群界定为由众多自主独立又相互关联的小企业依据专业化分工和协作的关系并在某一地理空间高度聚集而建立起来的产业组织，这种组织的结构介于纯市场和层级组织之间。王缉慈指出产业集群是具有垂直和水平联系的企业和支持机构的地理集聚，这也是目前学术界最为认可的产业集群的内涵。产业集聚理论引入中国后，国内学者的研究内容主要集中于产业集聚的形成与演变、产业集聚

① 仇保兴. 发展小企业集群要避免的陷阱：过度竞争所致的“柠檬市场”[J]. 北京大学学报（哲学社会科学版），1999（1）：25-29.

与经济增长关系等多个方面。张云飞对城市群内产业集聚进行理论分析，得到城市群内产业集聚与经济增长之间的倒“U”形曲线关系①。江章学基于新经济地理学的视角研究产业集聚与城市经济圈打造的互动关系，认为产业集聚与城市经济圈之间存在互相促进的互动关系，并且两者之间存在循环往复、累进上升的互动关系②。项文彪和陈雁云③在对中部城市集聚和产业集聚的时空演化与互动分析中，发现中部地区城市集聚和产业集聚在时间和空间上存在一定差异，没有完全同步发展；同时构建了产业集聚、城市集聚与经济增长互动的面板数据回归模型，结果证明产业集聚对地区经济增长影响较大，城市集聚对地区经济增长影响较小，而城市集聚和产业集聚的互动对地区经济增长促进作用不显著。

近年来，关于产业集聚与地区经济增长的大量实证研究文献认为，产业集聚有利于地区经济增长，例如，吴福象和沈浩平④得出结论，即长三角城市群城镇化的过程主要通过各种优质要素的空间集聚提高外部性和创新，从而推动产业结构转型升级。谢雄军等⑤发现产业集聚与区域经济增长均存在比较明显的空间自相关，而且产业集聚对区域经济增长具有显著促进作用。

早期有关产业集群的概念围绕企业在地理上的集中。那么，在单个城市发展成熟之后的城市群与经济圈发展时期，有必要从产业集群与城市群关联的角度给出产业集群概念。随着成渝地区经济、社会和科技水平的不断提升，将产业集群放置在成渝地区这个空间进行研究，强调了产业集群内部各产业间与城市群的密切联系和相互依存。

通过前文对产业集群及产业集聚概念的阐述，并结合产业集群自身发展的规律和趋势可以认为产业集群的内涵包括以下几个方面：

首先，产业集群以劳动分工和专业化为基础。这一内涵是在马歇尔与波特对产业集聚相关研究基础上的深化与发展。随着劳动分工和专业化的不断深入，建立在分工和专业化基础上的产业集群已经由企业间的关联关系向产业间

---

① 张云飞. 城市群内产业集聚与经济增长关系的实证研究：基于面板数据的分析［J］. 经济地理，2014，34（1）：108-113.

② 江章学. 产业集聚与城市经济圈的互动关系分析：基于新经济地理学的视角［J］. 商业经济研究，2016，4（16）：201-203.

③ 项文彪，陈雁云. 产业集群、城市群与经济增长：以中部地区城市群为例［J］. 当代财经，2017（4）：109-115.

④ 吴福象，等. 新型城镇化、基础设施空间溢出与地区产业结构升级：基于长三角城市群16个核心城市的实证分析［J］. 财经科学，2013（7）：89-99.

⑤ 谢雄军，何红渠. 基于空间面板计量的产业集聚与省域经济增长关系研究［J］. 财经理论与实践，2014（3）：116-122.

扩展，从而实现共享、学习和匹配三大机制共同降低物质成本，提高企业运营效率；降低交易成本，促进技术创新。

其次，产业集群通过产业链构成纽带。所谓产业链，指的是国民经济各个产业部门之间客观形成的某种技术经济联系①。中央财经委员会第五次会议提出“打好产业基础高级化、产业链现代化的攻坚战”，不仅说明产业链自身的重要性，还说明了产业链和产业基础的关联性。面对新冠肺炎疫情带来的危机，产业链所包含的价值链、企业链、供需链和空间链既可以贯穿产业始终，牢固产业韧性，又是经济发展的有力保障。

最后，当前产业集群的内涵与城市群关系极为紧密，产业集群内涵已经进入发展的高级形式，即产业与城市、产业集群与城市群相融合的阶段。

产业集群与城市群的发展是同步化的发展路径。产业集群内部各产业之间已有产业间一体化的发展趋势。同时，各集群内部各产业又分别配置于各个城市，因此产业集群的一体化趋势必然带动城市间一体化的发展，逐步形成关联紧密的城市群结构。因而，产业集群要以城市为依托，产业集群与城市群具有同步化发展的内在需求。城市群内各产业间互惠互利，效益超过其独自发展所能达到的水平。产业集群已经形成特定的地理范围内多个产业相互融合、众多类型机构相互联结的共生体，集聚效应促进集群内部收益的增长，同时也会向集群周边扩散，通过辐射效应带动周边产业发展。

二、产业集群推动经济圈高质量发展的机理

经济圈的核心是拥有具有国际竞争力的产业与产业集群，它是经济圈发展的强有力支撑。经济圈的核心城市正是通过这些产业及产业集群的发展来影响和控制周边地区发展的，有竞争优势的产业或产业群是经济圈或城市群经济持续、稳定、健康发展的内在要求。

产业集群可以促进成渝地区双城经济圈形成经济中心和产业基地、内陆开放高地和城乡融合示范区。在前面的相关文献中已经可以得出产业集群汇聚大量要素，通过马歇尔外部性和雅各布外部性达到促进创新增长、促进经济增长的目的。而对成渝地区双城经济圈而言，产业集群能从产业角度加固经济基础，从而使成渝地区双城经济圈达到成为经济中心的目的。具体来说，产业集聚的同时也伴随着产业分工，成渝地区双城经济圈内的城市也从中获益，比如生产性服务业集聚在成都和重庆可以提升资源配置效率，重塑两地价值链；而

---

① 刘志彪. 产业链现代化的产业经济学分析［J］. 经济学家，2019（12）：5-13.

制造业集聚在绵阳、德阳等地，能够提高当地企业运营效率和绿色全要素生产率。

关于产业集群对开放贸易外资方面的影响的研究较少，相关的研究大多集中在服务业集群对开放贸易的影响。虽然如此，产业集群对成渝地区双城经济圈引进外资和对外贸易都有正向的影响。首先，产业集群使三次产业，特别是第二、第三产业产生紧密的联系，可以为外资企业提供各种降低运营成本、提高人力资本以及优化投资环境的服务，增强了地区吸引外资的能力和稳定性，降低了外资撤出的概率，提高了引资质量；其次，产业集群通过中间投入共享和技术溢出提升了企业的出口国内附加值①，有利于成渝地区双城经济圈全球价值链地位攀升和出口竞争力重塑；最后，虽然我国一直在力争通过科技创新在国际竞争中占有优势，但产业集群带来的劳动生产率和贸易成本优势仍然是我国高技术产业的竞争优势所在②。

因为产业集群一般指的是第二和第三产业的融合，所以对城乡融合的影响较弱。但是由于产业集群对劳动力流动、工厂选址的影响，仍然能够推动城乡融合的发展。首先，产业集群同样意味着人才集群，产业分工也意味着劳动力的分工。所以产业集群能够更好地分配农村的劳动力，不仅使劳动力可以合理分配在各产业和各行业，也能使劳动力在集群中更好地交流，促进农村劳动力素质的提高。其次，当前产业集群大多集中在产业园区，而因为地价、土地规划的约束，产业园区也大多集中在城郊，即地理上城乡结合的地方，这就是城乡融合的最佳空间载体，既促进了要素的城乡流动，又合理利用了土地资源。

产业集群不仅集中表现为经济进入工业化中后期的产业竞争力提升，同时还表现为推动其他经济体走向集聚。例如，产业集群推动城市集聚。作为产业集群发展承载体的城市，在产业集群的形成过程中，产业集聚对城市间关联程度的不断加深和城市化进程的不断深化都发挥着重要作用。可见，产业集群能够推动城市群发展及城镇化进程，是工业化与城镇化的基础和推动力。

受制于明显的行政边界范围以及有限的地理空间、生产要素，单个城市难以承载产业链所有环节。单个城市只能根据区位条件和资源禀赋，形成具有区域特色和竞争力的产业，同时依托优越的经济联系通道，通过与毗邻城市开展交流合作，构建较为完整的优势产业链环。经济圈内的城市层级体系有必要按

---

① 邵朝对，苏丹妮. 产业集聚与企业出口国内附加值：GVC 升级的本地化路径［J］. 管理世界，2019，35（8）：9-29.

② 杨丽华. 长三角高技术产业集聚对出口贸易影响的研究［J］. 国际贸易问题，2013（7）：158-166.

照产业链协作联系的上中下游环节形成合理的产业链条。较低层级的城市为高层级的城市提供产品生产所需的原材料、半成品供应等辅助生产功能。因此，强化以产业链协作联系推动的区域协同发展将成为强化经济圈内部经济联系的关键。

经济圈不仅是若干城市在地理上的接近，更是城市之间基于产业分工协作建立起的经济联系的空间表达。由于地理上的接近，通过产业链条的传递，某一城市或产业的提升会迅速拉动其他城市或产业的发展。产业集群作为成渝地区双城经济圈经济发展的动力，它通过刺激产业链和带动整个地区的发展来创造更多的创业机会，刺激劳动力市场，产生新的市场需求，同时它通过对新产品的需求进一步刺激了新的技术和新的工艺创新，从而产生了更多专业化的供应商。产业集群作为成渝地区双城经济圈经济发展的动力，它通过刺激产业链和带动整个地区的发展来创造更多的创业机会，刺激劳动力市场，产生新的市场需求，同时它通过对新产品的需求进一步刺激了新的技术和新的工艺创新，从而产生了更多专业化的供应商。

产业集群为城镇化提供了基础和条件。经济圈内部企业间的协同发展和产业链条上各部门及企业间的相互支撑进一步加强了经济圈产业集聚的动力。产业集群边界的扩张促使非农产业不断向城市靠拢，大量的企业和人口进入城市，而企业数量的增长和人口非农化的发展正是城镇化不断推进的重要基础。在工业现代化不断发展的过程中，产业集聚所带来的资金、人口、技术和资源等要素高度集中，不仅能强化城市间的功能互补和深度合作，拓宽发展空间，还能为工业化、信息化提供高效率的环境，从而挖掘经济圈内部更为强大的发展动能。

第二节　成渝地区双城经济圈产业发展基础与问题

一、产业发展基础

1. 概况

成渝地区在全国经济格局中地位凸显。2019 年，成都市地区生产总值为 17 012.65 亿元，是 2010 年的 3 倍多，成都在全国经济地理版图中的地位明显提升，居全国城市排名第七位，成为西部地区重要的经济中心。

成都同重庆经济规模差距缩小。改革开放到重庆直辖期间，四川提出成都、重庆的“两点式”发展战略①。显而易见，在重庆持续稳定发展的基础上，成都实现了突飞猛进的发展壮大，经济规模由1978年的35.94亿元增长到1997年的1 007.03亿元，同重庆的比值由1.99缩小至1.50。

经济圈内技术、人才及金融协作配套有序展开。一方面，围绕产业发展需求，川渝两地积极推动经济圈内科技平台共建共享、创新人才联合培养，如重庆工商大学、四川大学、重庆社会科学院、四川省社会科学院、重庆港九股份有限公司等川渝两地多家高校、科研院所和龙头企业联合组建了产业协同创新中心，推动技术合作和人才联合培养。另一方面，川渝两地积极推动经济圈内各城市相互投资，投资领域涉及汽车及零部件、装备制造、农业产业化、房地产、商贸物流等多方面。近三年，渝企入川实际投资4 799亿元，占四川引资总量的19%，同期，川企入渝实际投资3 088亿元，占重庆市引进内资总量的16%，列各省份第二位。

经济圈的发展离不开完善的交通体系建设。机场群的兴建，能够促进内外资源高效交流，大大拓展单位时间内交通可达的宽度与广度。放眼全球，世界级都市圈均有相应的机场群。2019年，成都和重庆的旅客吞吐量分别为5 586万人次和4 479万人次，分别排名全国机场的第四和第九位。根据规划，成都国际航空枢纽预计到2025年，年旅客吞吐量达到1亿人次、货邮吞吐量达到190万吨；预计到2035年，年旅客吞吐量达到1.6亿人次、货邮吞吐量达到350万吨。重庆江北国际机场到2025年，实现年旅客吞吐量7 500万人次，到2035年重庆主城区都市圈机场体系年旅客吞吐量达到1.2亿人次②。机场群的兴建，有利于成渝双核进一步加大高水平对外开放力度，让各种资源要素更加便捷地流动。《成渝地区双城经济圈建设规划纲要》要求：高质量建成成都天府国际机场，打造国际航空枢纽，实施双流国际机场扩能改造，实现天府国际机场与双流国际机场“两场一体”运营。推进重庆江北国际机场改扩建，规划研究重庆新机场建设，提升重庆国际枢纽功能。布局建设乐山、阆中、遂宁、雅安等一批支线机场，研究广安机场建设。不仅如此，其他交通方式包括轨道交通、公路系统、航运系统的客货运输能力都应该加强。

2. 产业基础雄厚

2019年成渝地区实现地区生产总值近7万亿元、经济总量占西部比重达

---

① 赵倩倩. 深度解析“一干多支、五区协同”区域发展新格局：专访四川省发改委副主任邓长金［J］. 四川省情，2019（11）：12-16.

② 第一财经. 川渝十四五规划建议发布，今后5年成渝双城经济圈这么干[EB/OL].(2020-12-10)[2020-10-19].https://baijiahao.baidu.com/s? id=1685701114049864772&wfr=spider&for=pc.

33.25%，是继长三角城市群、粤港澳大湾区和京津冀城市群之后，我国又一个大的区域经济体①。2020 年，党中央做出推动成渝地区双城经济圈建设重大战略部署以来，川渝两省（市）密切配合、全力推动，先后召开 2 次川渝党政联席会议、常务副省（市）长协调会等，组建人员双向互派的联合办公室，印发工作方案和 2020 年重点任务，共同实施重大项目 31 个、总投资近 5 600 亿元，已启动建设 26 个、完成投资 318 亿元，川渝两省（市）各级各部门签署合作协议超过 220 份，各方面工作开局良好、稳步推进。

成渝地区双城经济圈在产业结构方面，2018 年生产总值中，第一、二、三产业构成为：8.6∶42.8∶48.6，其中第三产业占比最高。经济圈的德阳、绵阳等市作为三线建设基地，国有经济资源占有绝对优势。泸州、宜宾、自贡等川南老工业基地城市，其酿酒、冶金、机械、化工等传统产业占主导地位。2018 年，成渝地区第一产业增加值为 4 907.76 亿元，第二产业增加值为 24 654.98亿元，第三产业增加值为 27 952.28 亿元②。可以看出，第三产业仍是成渝地区的主导产业，第二产业发展迅猛，仅次于第三产业。

通过比较第三产业占地区生产总值的贡献率，分析 2018 年成渝地区双城经济圈的各城市产业结构分布状况，得出：重庆（52%）、成都（54%）、绵阳（48%）、达州（45%）四个城市的第三产业发展水平较高，它们的地区生产总值贡献率都超过 44%，接近整个城市经济总量的一半；自贡、德阳、泸州、遂宁、宜宾、雅安五个城市的第二产业产值占比较高，地区生产总值贡献率均超过 45%，可见传统工业产业在成渝城市群地级市经济发展中起着举足轻重的作用。所有城市的第一产业占比均为 10%左右，且占比进一步下降。

成渝地区双城经济圈的现状产业体系相对比较完整，产业发展基础较好。其在全国具有较大影响力的产业有机械制造、汽车产业、电子、副食饮料、化工、医药、冶金、能源、军工等。

经济圈内已经形成了以重庆为中心的制造业、物流运输基地和以成都为中心的医药、农副、化工、能源以及服务业的产业集聚地。但是除双核之外，区域内其余城市之间的协调发展明显不足，行政体制上各自为政阻碍了城市产业之间的横向交流③。目前成德眉资同城化建设在行政体制协调方面进行了积极

① 成渝联手打造内陆改革开放高地 [J]. 产城，2020（10）：12-15.

② 阴俊. 辽中城市群空间结构从多中心化向单中心化“逆发展”的机理研究 [D]. 长春：吉林大学，2018.

③ 张芮琪，蓝玉良，戴宁益，等. 成渝城市群产业结构的发展研究 [J]. 现代经济信息，2014（15）：445-447，449.

探索，为下一步经济圈内城市间的交流合作提供了解决方案。当前，经济圈内产业在部分城市形成了一定程度的集聚效应，但是由于周边城市没有与之配套的产业链条，区域间产业划分极不合理，致使其集聚和扩散效应未能得到充分发挥。随着产业技术的快速提升、产业结构体系的不断完善，成渝地区双城经济圈具备了建立起大规模的工业、服务业等产业集群的基础和优势。

近年来，随着成渝地区双城经济圈工业化、城市化的快速推进，区域产业规模不断扩大，三次产业结构不断优化。第三产业稳定发展，占地区生产总值的比重持续提高，三次产业的比例关系由 2010 年的 11.8：52.1：36.1 调整为 2018 年的 8.5：42.9：48.6，实现由工业主导向工业和服务业“两轮驱动”的转变。经过多年的迅速发展，经济圈内产业集聚发展初步显现。根据《四川省国民经济和社会发展第十四个五年规划和二〇三五年远景目标纲要》，未来五年四川将聚焦“5+1”现代工业体系、“4+6”现代服务业体系、“10+3”现代农业体系，引导资源要素向优势产业集中集聚，推动产业创新融合发展，延伸产业链稳定供应链，提升制造业比重，构建实体经济、科技创新、现代金融、人力资源协同发展的现代产业体系。而根据《重庆市国民经济和社会发展第十四个五年规划和二〇三五年远景目标纲要》，未来五年重庆将坚持把发展经济着力点放在实体经济上，一手抓传统产业转型升级，一手抓战略性新兴产业发展壮大，以大数据智能化为引领，注重补短板和锻长板，加快推进产业基础高级化、产业链现代化，提高经济质量效益和核心竞争力。这说明未来川渝两地都将在积极完善产业基础的同时，加强产业关联性，为实现产业现代化做进一步努力。不过从两地的“十四五”规划来看，两地目前的产业还存在以下问题：农业发展速度与生产方式欠协调，工业经济缺乏现代化程度和现代化服务业比重较低①。同时也说明两地的产业布局相似性很大，都在工业上有较强优势，只是重庆的重工业更强更有优势，四川则在轻工业方面表现更好，所以还是应该避免区域内的低水平重复建设和恶性竞争。

与发达的制造业大省广东省相比，成渝地区双城经济圈在制造业的就业规模方面还有较大差距。首先，成渝制造业规模起步较晚。成渝 2020 年的制造业就业规模仅相当于广东省 1992 年的规模，落后了近 20 年。其次从绝对数量来看，广东省制造业从业人数从 1992 年便超过 1 000 万，2010 年以来从业人数始终保持在 2 000 万以上，而成渝地区至今尚不足 900 万。成渝地区制造业与沿海地区存在明显差距。

---

① 蒋竹媛. 基于数字经济的成渝经济圈的现代产业体系建设 [J]. 商业经济，2021 (4)：39-40.

二、产业发展问题

1. 中心城市高端服务发展不足，区域生产组织能力相对缺失

当今世界，发达国家经济发展的共同规律是产业集群与城市群的发展相辅相成。从世界范围角度看，区域内的产业集聚所形成的产业将多个城市聚合成一个高密度、关联紧密的区域空间，形成了城市群，城市群的经济发展中，产业集聚是经济集聚的关键所在，城市群是地区经济发展的重要增长点，产业群是地区经济发展的核心支柱。城市群与产业群都是城市化、工业化高度发展的新趋势，城市群是城市在空间上所反映出的组织形式，产业群则是产业在空间上集聚的形式，其关系在一定程度上反映了城市群空间结构与产业结构间的关系。

城市群内产业要实现优化布局，需要通过产业的适当配置和有序演进进行。这要求城市群内的各产业部门之间，各城市群的产业部门之间，在城市群经济的不断发展过程中，始终合理化质的联系与量的比例，不断改善经济发展的空间结构。

成渝高端人才长期被“北上广深”收割，高端服务业缺乏人力资本支撑。在相当长的时期内，成渝双城的商务服务业发展都不理想，直到最近几年才有起色。无论是成都天府广场还是重庆解放碑，都是商业主导的城市中心，城市商务写字楼的需求与上海、深圳相比，还存在数量级的差距。经济发展是当前的核心任务，成渝两市与沿海三大城市群核心城市在实际生产能力、生产组织能力方面还存在非常明显、远大于地区生产总值统计的鸿沟，还有很多的短板需要补强。

2. 固定资产投资依赖度较高

成渝地区非农经济部门中，制造业的就业增长贡献率不到20%，远低于沿海省份40%~50%的份额，反而是建筑业、生活服务业、公共服务业等本地生活性部门贡献率较高。2000—2019年，成渝固定资产投资占地区生产总值的比重从36%提高至72%，远超过同期东部城市比例，基建拉动的特点十分明显。

但是，当前国际经济形势已发生根本变化，世界格局面临“百年未有之大变局”，在构建国际国内双循环的新发展格局的背景下，不能再依靠固定资产投资拉动经济增长。首先，成渝地区虽然工业化发展还不充分，但承接产业转移的环境已经不再。成渝地区已经没有当年的承接全球产业转移的经济环境，很难再重走珠三角、长三角过去的道路。在全国劳动力“一盘棋”格局中，成渝地区并没有劳动力成本优势，与沿海省份之间也难以出现基于要素成

本的产业梯度转移。其次，依赖外部输血发展老路也逐渐难以持续，以内循环为主的转型将愈发明显。新一代外出务工人员很少把收入寄还家乡，外部输血的潜能趋于收缩。成渝地区要从外部输血向自我造血转变。最后，传统意义上的城镇化进程事实上已经结束，农村无法在人力上再支持城市发展。目前成渝地区农村只剩下高龄农业人群，已经没有“富余劳动力”。成渝地区产业发展很难像过去几十年那样，获得源源不断的农村转移劳动力支持。未来城市人口的增长更多来自区域间、城镇间“零和”争夺。通过城镇化发展大规模集聚人口的潜力已经明显下降，许多城镇还将面临人口收缩和老龄化的压力。

3. 产业集聚程度不高

此处选取成渝地区双城经济圈的产业集聚度作为分析对象，选取2013—2018年该区域的数据并对其产业集聚度做出测算。参考张新帅、黄寰对成渝城市群的产业集聚指数的计算，由于目前产业集聚以第二产业为主，因此选取第二产业作为产业集聚的代表进行分析①。产业集聚指数如下：

$$LD = (\frac{P_{it}}{Q_{it}})/(\frac{P_t}{Q_t})$$

其中，P_{it}指t时期i地区第二产业产值，Q_{it}指t时期i地区总的产业产值，P_t指t时期经济圈第二产业产值，Q_t指t时期经济圈总产值。由公式可知，LD>0。当LD=1时，表明该地区第二产业呈现均匀分布，不集中也不分散于该地区；当LD>1时，该地区第二产业呈现集聚分布的状态，且值越大，集聚程度越高。成渝地区第二产业集聚度计算结果如表5-1所示。

表5-1　成渝地区第二产业集聚度计算结果

地区	年份					
	2013	2014	2015	2016	2017	2018
成都	0.9888	0.990 7	0.985 1	0.991 0	0.992 2	0.993 3
重庆	1.088 7	1.011 7	1.013 3	0.952 4	0.908 7	0.865 0
德阳	1.293 6	1.319 3	1.267 9	1.297 7	1.300 5	1.303 3
绵阳	1.106 6	1.126 4	1.138 1	1.149 7	1.160 1	1.170 5
南充	1.116 5	1.116	1.101 1	1.126 3	1.133 9	1.141 5
宜宾	1.306 3	1.314 5	1.313 8	1.313 8	1.312 6	1.311 4

① 张新帅，黄寰．产业集聚对成渝城市群发展影响的思考［J］．决策咨询，2019（2）：37-40.

表5-1(续)

地区	年份					
	2013	2014	2015	2016	2017	2018
自贡	1.287 3	1.309 8	1.309 3	1.326 3	1.338 3	1.350 2
达州	1.144 5	1.156 9	1.096 6	1.136 4	1.138 8	1.141 2
资阳	1.198 1	1.237 3	1.246 5	1.263 0	1.280 1	1.297 2
泸州	1.292 5	1.331 5	1.342 9	1.364 2	1.383 1	1.402 1
内江	1.331 9	1.358 5	1.349 2	1.354 8	1.358 4	1.362 1
眉山	1.230 2	1.250 6	1.264 7	1.273 9	1.286 1	1.298 3
遂宁	1.188 5	1.226 5	1.265 1	1.285 3	1.317 4	1.349 5
乐山	1.326 3	1.318 2	1.328	1.331 3	1.333 9	1.336 4
雅安	1.238	1.262 5	1.259 3	1.276 4	1.286 1	1.295 7
广安	1.128 1	1.160 4	1.165 4	1.194 2	1.214 6	1.235 1

数据来源：2013—2015 年数据来自张新帅，黄寰. 产业集聚对成渝城市群发展影响的思考[J]. 决策咨询，2019（2）：37-40.；2016—2018 年数据根据《四川统计年鉴》《重庆统计年鉴》数据整理并计算得到。

依据计算结果可知，成渝地区各城市的工业产业集聚程度总体不高。重庆市与成都市虽然经济总量排名经济圈前列，但两市近年来大力发展现代服务业，导致产业结构中服务业占比较大，进而影响了工业产业集聚度，低于 1 的结果表明成渝两市还需要在现代制造业、智能制造方面发力。其余城市的工业产业集聚度大于 1，表现出一定的集聚，但是集聚程度和集聚水平还不够高。

4. 经济圈内不同城市产业集聚同质化明显

从产业发展重点看，经济圈范围内的成德眉资区域大多提出以电子信息、装备制造、生物医药、先进材料、商贸物流、文化旅游、食品饮料等为主导的工业发展体系。从产业集聚发展规模看，以规上工业企业营业收入和主要工业产品为例，四市在专用设备、汽车、中成药、食品饮料方面均具有较大规模。一定程度的产业同质化意味着“双链”个别环节企业和产品的重合，在供应链网络上属于竞争关系，如基于“经济人”假设，在有限要素供应的状态下，在本地区的稀缺要素集聚的情况下实现利益最大化，而选择不合作，是各层级地方政府追求本地域发展政绩最大化的本能选择。因此，除了各方可能获得“共赢”的领域（如争取更多有利于自身发展的政策和项目），在涉及不同行政区域利益再分配时，各地政府在一体化发展方面依旧会面和心不和，或者为争项目形成过度竞争，或者在推动区域一体化基础设施建设方面对本地获益不大的项目上采取消极态度，或者对一体化进程议而不决，或者行动迟缓①。特别是在新培育的产业尚未形成经济效应的断档期、空白期，移出地的积极性会减弱，阻滞了产业有序转移，甚至导致产业转移搁浅，继而出现产业同质，整个区域范围内可能出现短链、缺链情况。相较而言，广佛两市同城化的实践是一个很好的案例。广州、佛山两市正式签署《深化广佛同城化战略合作框架协议》，携手推进广佛创新同城，深化产业协同发展，提高产学研协同创新和成果转化水平，产业分工协作体系更加成熟，共建先进装备、汽车、新一代信息技术、生物医药与健康等 4 个万亿级产业集群，强化广州现代生产服务业与佛山先进制造业联动发展②；同时，发挥广佛两地省实验室等重大科研平台优势，共建国际科技创新中心，充分利用广州创新资源，强化原始创新能力，同时加快实现“广州创新大脑+佛山转化中心”的创新驱动发展格局。成渝地区双城经济圈的产业重构现象需要引起重视，在重构过程中要学习珠三角的产业协同分工经验。

第三节　经济圈产业协同集聚的国内国际经验借鉴

一、“中国—中亚”产业集群模式

国际产业链合作是世界经济发展的必然趋势，也是社会生产力发展的必然要求。近年来，世界经济的不稳定性有增无减，面对全球范围内的挑战，闭门造车、制造壁垒都是不可取的，只有在国际范围通力合作，才能共同迎接新一轮全球化的到来。基于国际产业链合作的国际产业政策调整、区域利益分配协调等关系更加紧密。

随着“一带一路”倡议的施行，我国和许多国家都建立了经济上的合作，也包括了产业集群合作，中国和中亚就是如此。通过对中国和中亚模式的研究，总结出“中国—中亚”产业集群与国际产业链协同战略的实施应从宏观和微观两个层面展开分析。宏观层面主要是国家之间的合作因素，包括政策因

① 陈建军，陈怀锦，黄洁．以协同治理引领推动大都市群协调发展［J］．国家治理，2019（1）：34-38.

② 张渭武．基于知识互动视角的佛山市先进制造业协同创新研究［J］．中国市场，2020（32）：172-174.

素、发展环境因素、经济因素、技术因素等；微观因素主要是各国企业间的内部因素，即市场、产业链等相关管理因素以及产业集聚等因素。而政府在这个模式中起到不可缺少的作用，既在宏观上制定政策保障这种模式的运营，又从微观上推动产业集聚推动力的投入。不过，过于依赖政府的国际产业合作模式并不是一套长久的发展模式，追寻市场和政府相结合才能充分发挥各方优势。

二、美国西海岸城市群产业协同集聚的经验借鉴

美国西海岸城市在第二次世界大战及战后形成了国防工业主导的产业结构。国防工业与高科技关系密切，使得西海岸成为第三次科技革命的重要发源地①。西雅图和洛杉矶均鼓励创新创造，根据世界著名调研公司康帕斯（Compass）在2015年调查报告中列出的全球十大最佳创业城市，洛杉矶和西雅图分别名列第3、第8位②。西雅图有“飞机城”之称，第二次世界大战后的经济一直得益于航空业的快速发展。西雅图给予支柱企业波音公司以所得税方面的优惠税率和基础设施方面的补助，推动以波音为龙头的子承包商和相关产业集聚，形成埃弗里特航空产业集群。

进入21世纪，西雅图对标旧金山，致力于打造一座类似于旧金山但又没有旧金山那么多缺点的科技之城，在维持制造业和航海业高水平发展的同时，大力发展数字经济产业。这些年来，西雅图先后培育了微软、亚马逊等产业巨头，引进了大量中小型科技公司，Facebook、Google等旧金山科技公司的主要研究和工程部门也来到西雅图。目前，西雅图在航天、计算机软件、生物信息科学、基因科学、远程医疗、电子设备、医疗设备、环境工程等领域处于领先地位③，近3年来新增的办公室职位中超过90%来自科技公司，成为硅谷的重要竞争者，实现了从最初的渔港小城镇到军工业都市再到高科技新城的蜕变。洛杉矶专注于开拓未来经济领域里起关键作用的新兴产业，当地政府通过提供相对宽松的市场和法治环境，运用财政、税收、价格政策等杠杆引导产业发展④，并在劳动力技能培训、创新基础设施上提供便利条件。

洛杉矶的三大支柱产业——军事国防、生物医药和文化娱乐产业，自洛杉

---

① 王立新．洛杉矶产业转型对深圳建设国际化城市的启示［J］．开放导报，2007（6）：57-65，69.

② 王萍．洛杉矶创业创新经验借鉴［J］．特区实践与理论，2016（1）：112-114.

③ 刘师言．美国西雅图：“花园城市”谱新章［J］．重庆与世界，2014（9）：76-79.

④ 陈华．洛杉矶经济转型对深圳市属国有经济的启示［J］．特区实践与理论，2016（1）：103-106.

矶西部开发时期从零开始发展壮大，直至今日依旧保持支柱地位和全球领先优势。洛杉矶还高度重视数字产业发展，在美国率先设立首席数据官和首席信息官，着力完善信息技术基础设施，出台开放数据计划，搭建智能交通监控系统。洛杉矶地区的企业普遍重视基础科学、高新科技的研究与开发，工业企业的研发经费有2/3用于新产品研制和现有产品改进，技术创新多为原创型、主导型的创新①。洛杉矶在计算机和电子产品制造、软件开发、互联网及数据服务业、计算机系统设计及服务业等方面，其成果可以与休斯敦以及加州北部的硅谷相媲美，洛杉矶还跻身全美六大生物技术中心之列②。

三、长三角产业协同集聚的经验借鉴

1. 在土地资源约束下产业结构持续优化

长三角经济区产业集聚的条件已然形成，经济区内各市均有自己的产业特点。同时，产业发展正处于高度动态变动时期，各市需要突破交通、生活、制度、标准等障碍，优化各市的产业发展方向，形成真正的长三角产业协同集聚发展。

长三角地区的城市功能分工呈现多中心格局。上海更趋向于中心枢纽的功能，南京、杭州、苏州、宁波等大城市更趋向于专业化中心及分级子中心的功能。各大城市的非核心功能向周边有序疏解。在产业发展上，长三角地区正在崛起一批世界级的产业集群；浙江“块状经济”从单纯的地理相近走向龙头引领、小企业分工协作的新阶段；江苏也在着力打造13个产业集群。在产业分工上，由原来的垂直分工为主，转向垂直分工和水平分工并行③。

从外资投向来看，上海、杭州、南京、合肥等核心城市是首要选择，而苏州、无锡、宁波等重要节点城市同样也备受青睐。特斯拉、西门子医疗等为代表的企业落地上海，上海与全球的高端制造网络联系更为紧密；同时，高新制造业研发中心对上海的青睐度提升，成为上海嵌入全球创新网络的重要接口；腾讯、中国中铁等，也在选择设立华东总部或迁址到上海。上海作为长三角城市群的龙头城市，为了带动整个长三角城市群的发展，产业跨区域的园区协同共建模式出现并日益成熟。长三角城市群拥有很多较为成熟的产业园区，如苏州工业园区等，已有异地合作尝试，合作区域主要为同省或相邻省份城市。作

---

① 刘艳艳. 洛杉矶工业产业升级的主要经验及启示［J］. 世界地理研究，2013，22（4）：54-62.

② 叶健德. 洛杉矶经验：转变深圳经济发展方式的借鉴［J］. 特区实践与理论，2011（2）：36-39.

③ 本刊编辑部. 创新长三角：科技支撑区域一体化战略［J］. 杭州科技，2020（2）：2-6.

为传统外资高地，沪宁合科创走廊近年开始重视科创及内资企业的招引。传统民营经济活跃的G60走廊地带，近年开始关注外资的招引。

2. 长三角城市群“去中心化”趋势明显

长三角城市群“去中心化”新趋势明显，物理联系趋于扁平。随着高铁路网密度加强、运行效率提升，上海及省会城市在物理链接上的中心效应在下降，在江苏和浙江省内，越来越多的铁路链接绕道省会。在长三角范围内，越来越多的铁路链接绕道上海，跨省城市要素流动正在实现精准对接。不过，区域中心节点城市的辐射效应仍然突出，上海、南京、杭州、合肥的区域核心城市仍对周边城市有极强辐射作用。随着浙西交通改善，尤其是商合杭高铁及杭黄高铁的开通，合肥可跳过南京，直接实现与上海、浙江的高效联系。这说明产业集聚仍然需要基础设施的加强，将城市间的联系逐渐拉近。目前，在姚作林等①、赵映慧等②、孙继平和侯兰功③等的研究中，成渝地区已经呈现双中心、网络化等结构特征，但从辐射范围和强度来说，还是以成都和重庆为主，宜宾、绵阳等次中心辐射范围和强度还是远不及成都和重庆，所以在未来的交通规划和建设中，可以考虑成立高级别的规划委员会，以推动制定城市群层面的交通专项规划，并协调城市群内部的交通规划和建设。要发掘边缘城市核心竞争力，政府就应处理好川东北经济圈、川南经济圈、川西北生态示范区和攀西经济圈的关系。

成渝地区双城经济圈的产业转移与衔接，可以采取“两条腿走路”的策略。一是积极承接长三角的产业外溢，充分发挥长江的航运优势，一头一尾做好沿江产业承接。二是经济圈内各非核心城市做好承接成渝两市产业转移的准备。通过产业内部的转移和承接长三角地区产业，更好地融入国内大循环格局。而产业转移的空间形式就是要建立多种形式的产业园区。

---

① 姚作林，涂建军，牛慧敏，等. 成渝经济区城市群空间结构要素特征分析［J］. 经济地理，2017，37（1）：82-89.

② 赵映慧，李佳谣，郭晶鹏. 基于百度指数的成渝城市群网络联系格局研究［J］. 地域研究与开发，2017，36（4）：55-59.

③ 孙继平，侯兰功. 基于腾讯人口迁徙数据的成渝城市群网络结构特征研究［J］. 现代城市研究，2020，（9）：78-85.

第四节 成渝地区双城经济圈高质量发展的产业集聚路径

一、充分发挥政府在产业集群中的作用

虽然产业集群的形成并不是政府有意识培育的结果，但发展到一定阶段后，集群的转型升级和危机应对需要包括地方政府在内的公共机构的适当介入和扶持①。政府可以培育和强化集群内部的纽带联系，协调集群内部中企业之间的关系，提供基础设施和政策支持②。成渝地区双城经济圈的产业集群尚处在发展初期，产业链尚不完整，产业集群促进经济发展机制也不健全，更需要政府的扶持和引导。但是政府同样要注重产业集群的可持续发展，在发展中不断转变自己的身份，从前期的直接参与、引导向后期的间接扶持、协调转变过渡。首先，成渝地区双城经济圈相关部门必须要在思想上意识到产业集群在“两个大局”中的重要作用，要把产业集群和形成新发展格局相联系，认识到产业集群对于社会消费和供给的正面影响。其次，政府要积极引导产业集群的发展，可以通过制定相关政策直接引导，也可以通过政府采购行为引导，刺激产业产业基础能力的加强和产业链水平的提高。再次，为产业集群培育提供环境，通过交通、产业园区、人才引进和教育的方式，深化体制改革，加强区域统筹，编制产业规划，协调产业布局与区域分工，避免低水平重复建设、恶性竞争。最后，要扩大政府研发经费投入，重点支持涉及高端装备制造领域的科研机构开展一批发展前景较好的探索、预研项目，提升承接国家科研项目的能力和水平，争取更多中央财政资金。

二、加强重点产业链培育

成渝地区应充分发挥自身资源优势，补链强链，与细分产业领域发展需求对接，围绕高端装备制造业发展的主要方向，在不脱离现有装备工业基础的前提下，加快先进技术与传统装备制造产业的融合，按照《成都市人民政府办公厅关于促进装备制造产业高质量发展的实施意见》，培育航空装备、轨道交通、汽车制造、智能制造、能源环保五条产业链。

---

① 冯猛. 基层政府与地方产业选择：基于四东县的调查［J］. 社会学研究，2014，29（2）：145-169，244-245.

② 乔翠霞. 论政府在产业集群形成和发展中的作用［J］. 理论学刊，2005（4）：44-45.

（1）航空装备产业。航空设备、轨道交通本身就是四川和重庆两地的重点支柱产业，加上重庆和四川制造业的基础雄厚，已经拥有三大国际机场，成渝地区双城经济圈具备建设世界级航空电子信息、装备制造产业以及国际航空枢纽的集群条件。通过树立精品企业品牌，打造品牌知名度，对具有发展潜力的企业进行积极扶持，为这种企业创造性发展保驾护航。加强科研机构同装备制造企业的合作，共同提高科研能力，并及时有效将科研成果转化成能够为企业所用的实用性很强的技术。

（2）轨道交通产业。地区经济发展差距大是成渝地区双城经济圈亟待解决的问题之一，轨道交通产业的发展可以更好地实现要素的流动，利于成渝地区双城经济圈实现经济平衡发展，再加上这一地区的交通供需不匹配①、城际交通脆弱②，更要大力发展轨道交通产业。借助区域协调发展的总体战略，在既有国铁线上做适当的公交化改造；借助“中国制造 2025”和“智能制造”的发展战略，可将成渝地区打造成为我国全制式轨道交通装备创新应用策源地和轨道交通产业综合发展新高地。

（3）汽车制造产业。重庆是西南地区有名的汽车城，如果可以推动整个产业向绿色化、智能化、网联化、轻量化以及应用共享化转型升级，就能将成渝地区双城经济圈打造成为国内一流的新能源汽车研制基地和具有全国影响力的汽车城。美国、欧洲、日本汽车产业的发展历史以及典型汽车产业集群发展的经验表明：汽车产业要提升竞争力，汽车企业要实现跨越式发展，就要走集群化、专业化、大集团化的发展道路③。而成渝地区双城经济圈汽车制造产业最应该做的是自主研发独立技术，建立独立完整的技术体系，培育自主品牌。

（4）智能制造产业。在工业 4.0 背景下，要协调好不同生产行业的标准，包括执行协议标准、通信标准、数据传输格式等，将信息通讯技术渗入制造业领域，通过信息物理网络改变传统的设备与人之间的联系，从根本上改变制造业劳动力结构④。2020 年，中共中央政治局委员、国务院副总理刘鹤在绵阳调研科技创新工作和科技城建设情况时强调，以军民融合为重点。成渝地区双城

---

① 黄言，宋会明，杜瑜，等. 交通网络建设与成渝城市群一体化发展：基于交通设施网络和需求网络的分析 [J]. 长江流域资源与环境，2020，29（10）：2156-2166.

② 张光远，张帆，刘泳博. 成渝地区城际铁路网络特性与脆弱性分析 [J]. 铁道运输与经济，2021，43（7）：36-42.

③ 钱春丽，王月红. 国外汽车制造产业集群发展模式研究及启示 [J]. 特区经济，2009（3）：99-100.

④ 陈丽娟. 我国智能制造产业发展模式探究：基于工业 4.0 时代 [J]. 技术经济与管理研究，2018（3）：109-113.

经济圈可以以军民融合推动我国智能制造装备产业发展，加强政、产、学、研、中介等创新主体间的互动，统筹技术开发、工程化、标准制定、市场应用等环节，突破关键智能技术和实现重大智能装备的集成创新①，围绕国家新一代人工智能创新发展试验区建设，可重点依托西门子成都工厂、成焊宝玛、普什宁江等企业打造国内知名智能制造装备研制基地。面向行业转型需求，大力开发标志性智能制造成套装备，积极发展智能柔性生产系统、数字化车间成套集成装备、智能化焊接成套装备等②。

（5）能源环保产业。重点打造国际知名的高端光伏产业集群，提升水处理、大气治理、固废综合利用等先进环保装备发展水平，从上、中、下游整合产业链，从原材料制备方面、关键技术研发方面和相关市场规划方面，打造国内领先的低碳环保产业发展示范区，探索建立集政策发布、产业推广、融资服务、权益交易、绿色评价评级为一体的环保产业综合服务平台。

三、构建现代化产业体系

从成渝地区双城经济圈的现状来说，构建现代化产业体系是促进产业集群的路径之一。从经济发展角度来说，经济基础决定上层建筑，产业集群也需要经济发展来支撑，虽然成都和重庆的经济综合实力已经跻身全国城市前列，参与全球资源配置和竞争的能力明显增强，能够支撑产业集群所需的物质基础，但整个西部地区都存在发展不充分的现象。从安全韧性角度来说，虽然四川和重庆在经历了汶川大地震和新冠肺炎疫情后的复工复产表现出色，但在刘彦平对我国韧性城市的评估中，四川和重庆的大部分地区处于低分值区域③，产业集群更是需要以产业安全为后盾。张可云和朱春筱认为，现代化产业体系建设的重点是关联产业的塑造④。关联产业之间通过共享、匹配、学习机制产生集聚效应促进地区经济发展，通过降低产业的风险来增强城市韧性⑤。所以构建现代化产业体系应充分利用“一带一路”倡议所带来的政策红利，助力成渝

① 李海海，苗龙．以军民融合推动我国智能制造装备产业发展研究［J］．经济纵横，2016（10）：70-74.

② 蔡静，张志强，熊永兰．成渝地区双城经济圈培育世界级高端装备制造产业集群研究［J］．中国西部，2020（6）：14-20.

③ 刘彦平．城市韧性系统发展测度：基于中国288个城市的实证研究［J］．城市发展研究，2021，28（6）：93-100.

④ 张可云，朱春筱．东北地区现代化经济体系建设：基于产业—空间—创新环境三维分析框架的探讨［J］．吉林大学社会科学学报，2021，61（5）：5-18，235.

⑤ 陈奕玮，吴维库．产业集聚、产业多样化与城市经济韧性关系研究［J］．科技进步与对策，2021，38（18）：64-73.

地区双城经济圈各市参与全球产业合作，在与全球的合作中不断升级产业结构，并不断挖掘区域内产业优势，结合全球政策红利和产业优势，再配套生产性服务业等相关营商环境建设措施，在产业基础能力上培育、派生新产业，实现优势传统产业长链化和优势高技术产业成链化。

四、在产业集群的基础上建立创新平台

基于“一五”时期和“三线”建设时期的工业基础和人才集聚，成渝地区双城经济圈在发展产业集群已经有一定的基础，但产业光是集群化是不够的，还要建立创新平台，因为成渝地区双城经济圈目前的企业创新动力不足、科技成果转化率不高，产业集群并不能有效推动创新发展。

首先，通过引入国内外互联网企业打造工业互联网平台，基于大规模定制模式，为企业提供创新、连接、检测、维保等全生命周期的数字化服务，提升产品附加值，优化装备产品应用效率。其次，基于现有高校资源，形成产学研合作体系，譬如重庆大学、电子科技大学、西南石油大学、四川工程职业技术学院等院校的研究基础，形成制造集成的发展格局，发展创新孵化园。最后，政府可以针对企业提出的技术需求，提供对接平台并予以立项认可及资费资助，通过政府联动+市场化运作的制度创新，增强网络以增加知识溢出，助力行业创新发展。

另外，成渝地区双城经济圈要尽力促成发展创新型产业集群。创新型产业集群是指产业链相关联企业、研发和服务机构在特定区域聚集，通过分工合作和协同创新，形成具有跨行业跨区域带动作用和国际竞争力的产业组织形态。这应该成为产业集群的政策目标，使集群的创新主体互动合作，促进技术创新，提高国际竞争力。

第六章　基于空间优化的成渝地区双城经济圈空间高质量发展

第一节　双核式空间结构的形成机理与特征

一、双核式空间结构的形成机理

双核式空间结构的区域呈现出空间两核的特征。两个核心城市大小规模相当，且相距一定距离。两个核心城市都有自己的经济腹地，且经济腹地的部分区域会重叠。双核城市均可以发挥区域核心的作用。两市的经济能级相当，联系紧密，在区域内均具有较强的集聚能力和扩散能力。城市间既有合作也有竞争，两者在区域空间的竞争与合作过程中促进两大城市保持均衡态势。

从空间构成来看，双核结构模型属于“点—轴”发展的一种。因此，可以用“点—轴”空间结构的形成机理来分析双核式空间结构的形成。从城市的形成来看，单体城市是从一个优势区位发展起来的。这个区位最初便具有了某种地理上的优势或者自然条件，例如土地平坦、气候适宜、水系丰富、资源丰富等，加上毗邻港口等优越的区位条件。在物资集散中越来越多的要素聚集于此，人口逐渐增加，带动当地形成人口数量相对较多的集市。要素的聚集又强化了该地区的区位优势，吸引更多人口前来，逐渐形成了城市的雏形。根据物理学原理，各种事物在空间中都具有自己的势能，而且无时不在向周围环境输送和扩散自己的势能。在区域发展过程中，这种势能的扩散表现为产品流、资金流、人流、技术流、信息流①。在此影响下，城市将不断扩大自身规模，提升城市集聚能力，汇聚城市各类物流，巩固城市核心地位。同时，为了防止

① 陆大道. 关于“点—轴”空间结构系统的形成机理分析 [J]. 地理科学，2002 (1)：1-6.

过度集聚，城市需要与周边地区进行经济能量的交换和转移。核心城市与周边地区逐步形成相互支持、共同发展的关系。核心城市腹地不断扩大，中心和腹地在空间上表现为规模层次分布。核心城市发展到一定阶段，需要更广阔的市场和腹地。

从经济联系来看，作为端点的两个城市必须是互补的，互补是互动的前提。成渝两座城市在产业分工上形成了功能互补，使两座城市形成了相对稳定的区域空间结构。只有当产业功能有差异时，合作才会出现。一旦一方能够提供并满足这一需求，就可以在两者之间建立互动关系的基础。如果两个城市能够通过一条相对便利的交通轴线连接起来，就会增加两端城市供需互补的机会。这将进一步加强两市在产品、市场、行业、企业、政府等方面的合作与交流，在流动状态下使双方获得更多好处。以这种关系为纽带，两市形成了不同的分工合作和产业集聚。规模经济进一步提升了城市的集聚和扩散能力，使两市经济发展达到一定规模，双核结构逐渐形成①。

随着城市的发展，如果两个城市在很长一段时间内在规模上相近，地理上相邻的区域就会出现双核格局，形成双核的空间结构。当核心城市有扩大经济腹地的需求时，通常会通过现有交通线路或新建交通线路与区域内其他邻近城市进行沟通，以满足城市自身发展的需要。通过物质和能量的交流，两座城市可以各取所需。当前正在开工建设的成渝高铁中线工程能够进一步加强核心城市与沿途经济腹地城市联系的功能。成渝两市在加强轴心联系的同时，不断获取自身发展所需的能量，从而扩大各自的影响范围。随着交通轴线的发展，两个城市的联系越来越紧密。

双核城市群的空间结构一般从离散独立的线性结构开始。由于地理或交通因素，城市发展初期形成了一条优势发展轴线，一些规模相近的城镇在这条发展轴线上分布较为密集。在城市发展初期，要率先开发区位条件较好、资源禀赋较好的两个城镇，因为它们的优势和潜力明显。双核城市几乎同时出现在区域发展轴上。发展主轴上的其他城镇也随着时间和经济环境的变化开始呈现快速增长，其发展范围通过对周边地区的涓滴扩散效应，突破了原有的城市群的空间结构。位于原发展轴外的城镇也得到了相当程度的开发，并与周边城镇建立了紧密的联系，形成了共同发展的局面。同时，随着城镇间交通基础设施的建设以及城市群的发展，城镇之间形成了网络化的空间结构②。

---

① 杜娟. 成渝双核型空间结构及竞合关系研究 [D]. 成都：西南交通大学，2007.

② 苗洪亮. 我国城市群空间结构、内部联系对其经济效率的影响研究 [D]. 北京：中央财经大学，2017.

随着核心城市的不断发展，经济圈内形成了集聚能力强的核心城市，接受核心城市经济辐射的非核心城市，以及非核心城市下属的新型城镇等，经济圈内部形成了明显的等级结构。新兴城镇不断扩大规模，有的发育成小城市，逐渐成为经济圈的有机组成部分，产业分工和交通通信基础设施建设不断完善，与其他较早发展的城镇保持着密切的经济联系。两大核心城市随着自身经济实力的不断增强和集聚的外部性作用的发挥，通过带动和辐射周边卫星城市的发展，逐步形成了核心都市圈。经济圈网络结构的形成主要有三个变化：一是核心都市圈周边城镇凭借区位优势（靠近核心城市）发展为二级城市，并与核心城市和其他二级城市相连。二是一级城市的交通网络由干线连接，这些干线发生突变扩散后逐渐发展为二级城市，与相对较近的核心都市圈建立了紧密的经济联系，形成了相对独立的经济区。三是通过二级交通线路与其他城市相连，所有二三线城市通过密集的交通网络相互连接。

在城市双核式空间结构的形成中，政府的作用尤为重要。双核形成初期，政府要积极引导人口向中心城区迁移，并做好产业布局规划、交通线网规划以及人才引进等工作。依靠政府相关政策法规的有形之手，双核形成的初始阶段是城区的不断开发和空间扩展。政府作为“看得见的手”，在资源配置、市场监管等方面的作用也是不可或缺的。现阶段政府的作用主要是进行基础设施建设和市场监管。此外，在经济圈双核式空间结构建立之后，整个经济圈的政策协调也是必要的，需要有更高层级的政府机构进行经济圈内部各城市之间的协调。

产业发展与经济圈空间结构之间形成了一种相互影响的机制。一方面，产业结构和布局的调整必然引起产业用地的变化、产业功能的变化、空间形态的变化，从而势必引起经济圈空间结构的调整。另一方面，经济圈空间形态的调整必然会优化产业布局和产业结构，以适应新的功能形态的形成。在经济圈双核式空间结构的形成中，产业布局调整可以引导人口流动，主要体现在两个方面：一是一些资源型传统城市的传统产业转移引导人口外流，从而减少这些城市的人口密度。这样可以缓解城市压力，优化城市功能。二是新城市或新城区的建立可以吸引人口。新城市的建立需要人口转移，只有人口集中，才能促进新城市的产业经济发展。此外，产业带动机制还体现在优化经济圈产业空间结构上。在经济圈双核式空间结构的形成中，要求各层级城市发展差异化产业形成产业协同的良性互动。在政府引导下，核心城市部分产业向低层级转移，为低层级城市带来产业新活力，完善和优化这些城市的功能布局。在产业布局调整下，整个经济圈的产业空间结构得到优化，既缓解了核心城市的压力，又通过双核的建立，促进了周边地区的产业发展，并提高整个经济圈的经济容量。

二、经济圈双核式空间结构的特征

双核式空间结构是指城市群中的两个核心城市均以单中心形式发展到一个阶段，两个核心城市的经济腹地在空间上重叠而形成。经济圈双核式空间结构是城市群发展到一定阶段的产物。当然，经济圈双核式空间结构只是经济圈发展的一种模式。经济圈双核式空间结构的形成类型有以下三种：一是在自由经济力量下，经济要素流动的自发行为的结果；二是借助政府有形之手的干预和外部力量推动的结果；三是以上两种力量的共同作用结果。一般来看，在经济圈双核式空间结构的前期形成阶段主要是依靠市场力量。在不断的演化过程中，政府力量开始对双核城市及其双核之间的地区展开有针对性的产业和人口转移，进行经济圈的优化。经济圈双核式空间结构基于产业链各环节形成的产业联系，在空间上表现为大量人口要素的集聚。同时，双核城市在产业升级过程中需要向周边城市和地区进行产业转移，带动周边地区梯度发展。

经济圈双核式空间结构具备以下两大特征：

一是经济圈内核心城市经济结构的差异。双核心城市之间的结构差异主要是经济结构的差异，表现在产业结构、产业空间布局和产业发展战略上[①]。两大核心城市发展基础较为成熟，经济发展处于领先地位，在行业中形成了一定的集中优势。在调整产业布局和产业结构时，要重视两大核心城市的产业合作，进行差异化布局，通过“双核”扩散效应带动整个经济圈的发展。核心城市经济结构的差异也会导致经济圈的经济腹地的经济活动呈现出多样化、相互合作的特征。区域内具有引领作用的核心城市通常具备城市规模较大，经济实力较强，功能较为完备，腹地面积较大的特征。只有核心城市不断扩大自身经济腹地规模，才能引领整个经济圈的发展。能否扩大经济腹地的规模在很大程度上取决于核心城市的经济实力是否强大以及城市功能是否完备。核心城市强大的资源集聚能力使它有了广阔的经济腹地。城市规模较大，经济实力较强，功能较为完备的核心城市，在区域内具有引领作用。经济腹地面积越大，越能满足核心城市发展的需要。经济圈的发展需要加快核心城市的发展，使核心城市不断扩大经济腹地。双核城市在地理上相邻，便捷的交通使要素流动更加快捷、自由，两个规模相同的城市必然会在有限的空间尺度内，多地域争夺相关要素和市场。要素、生产部门和产业组织内彼此交织，体现在区域空间上

---

① 夏文斌. 区域公平的当代建构：以新疆为例 [M]. 北京：中国社会科学出版社，2016.

的相互关联的复合运动，从而使经济圈的经济活动呈现出多样化的竞合局面。

二是经济圈经济活动的双重中心性。两大核心城市的经济圈规模都比较大，经济实力较强，城市功能比较完备。两大核心城市都有自己的经济腹地，不可避免地会在经济圈内出现重叠。这会导致经济腹地城市的经济要素受到更强烈的虹吸效应。经济腹地的非中心城市的要素和人口流动呈现向核心城市的流向规律。这进一步加速了双核城市各种要素和经济活动的集聚，规模递增下城市规模不断扩大。正是由于核心城市的核心功能的不断发展，辐射区和吸引区日益扩大，核心城市与周边区域相互作用、相互支撑，使城市边界不断扩大，进一步强化核心城市的中心地位。集聚和扩散是城市经济活动最重要的两种空间表现形式，表现在城市区域内要素集聚和各种经济活动上。双核城市地理上虽有一定距离，但是便利的交通能够抵消远距离带来的经济能量衰减。两个核心城市的经济活动规模大、经济能量扩散广、城市功能既存在竞争更多的是互补，二者必然会产生强烈的空间互动，形成协同效应。同时，核心城市自身强大的集聚扩散能力也要求城市之间不断进行交流。双核城市之间的强互补性使得城市间交通轴线进一步完善，这客观上促进了城市间交通轴线的发展。交通方式的多样化增强了要素的流动性，改变了城市之间、城市和区域之间经济要素的流动方向、速度和频率，从根本上改变了经济活动的运行方式。处于交通轴线上的非核心城市呈现出经济要素的加速流失，直到核心城市的溢出效应大于虹吸效应。当区域核心城市开始具备强大的交通枢纽能力时，双核城市与非核心城市之间的空间互动变得更加复杂。

随着城市和区域的发展，海陆空的复合交通体系陆续形成，交通联系的多样化极大地便利了双核之间经济活动的空间运行。现代交通发展在很大程度上缩小了两市之间的空间距离，节省了时间成本，要素流动更加自由便捷。借助交通的发展与完善，不能忽视核心城市的恶虹吸效应进一步强化的负面效应。以成渝两市为例，经济圈内的人口多流向成渝两市，成渝两市的常住人口在过去十年内大幅增加。但是经济圈内的其余非核心城市，大多面临着总人口持续减少的问题。核心城市空间的拓展扩大了经济活动的运行空间，加强了城市能源的对外辐射，使产业、人口、企业、市场、技术、资本等向核心城市聚集，形成企业集群、产业集群、创新中心。功能越来越融合，从而推动核心城市向更高层次的区域核心城市发展。

第二节　成渝地区双城经济圈人口规模空间结构分析

城市是构成经济圈的基本单元，是区域发展的重要载体和基本骨架。成渝地区双城经济圈区域内不同规模、数量的城市是否发育得当，从一个维度反映出城市群发展演化是否趋于成熟。对双城经济圈的人口规模空间结构的分析必然以经济圈内城市为单元展开。

一、成渝地区双城经济圈规模等级分布及演化

成渝地区双城经济圈的人口规模对空间结构的影响是不可忽视的，人口规模大小直接影响到经济圈层面上可能存在的集聚经济的强弱。对经济圈人口等级规模的测算，将提升对成渝地区双城经济圈人口空间分布的认识，结合基于经济指标的经济圈等级规模结构测度，二者将共同揭示成渝地区双城经济圈空间结构的演变。一定区域内的若干城市具有规模上的等级特征，城市规模等级分布体现出城市间的层级关系。借鉴国家最新城市规模划分标准（2014），结合成渝地区城镇常住人口的总体特征，将城市划分为七个等级（见表 6-1）：超大型城市（人口在 1 000 万及以上）、特大型城市（人口在 500 万～1 000 万）、大型城市（人口在 300 万～500 万）、中型城市（人口在 100 万～300 万）、中小型城市（人口在 50 万～100 万）、小型城市（人口在 25 万～50 万）、超小型城市（人口在 25 万以下）。

表 6-1　2010—2019 年成渝地区双城经济圈各城市规模等级结构

类别	城市规模/万人	2010 年	2015 年	2019 年
超大型城市	大于等于 1 000		成都市	成都市
特大型城市	500～1 000	成都市、重庆主城区	重庆主城区	重庆主城区
大型城市	300～500			达州市、南充市、宜宾市

表6-1(续)

类别	城市规模/万人	2010 年	2015 年	2019 年
中型城市	100~300	南充市、绵阳市、达州市、宜宾市、泸州市、德阳市、内江市、乐山市、遂宁市、资阳市、自贡市、眉山市	南充市、绵阳市、达州市、宜宾市、泸州市、内江市、德阳市、乐山市、遂宁市、资阳市、自贡市、眉山市、广安市、万州区	绵阳市、泸州市、德阳市、内江市、乐山市、遂宁市、自贡市、眉山市、广安市、万州区、资阳市
中小型城市	50~100	广安市、万州区、合川区、江津区、涪陵区、永川区、雅安市、綦江区	合川区、江津区、涪陵区、永川区、雅安市、綦江区、开州区、长寿区	合川区、江津区、涪陵区、永川区、雅安市、綦江区、开州区、长寿区
小型城市	25~50	开州区、长寿区、大足区、云阳县、荣昌区	大足区、璧山区、云阳县、荣昌区、铜梁区、潼南区、南川区、忠县、垫江县、梁平区	大足区、璧山区、铜梁区、云阳县、荣昌区、潼南区、南川区、忠县、垫江县、梁平区、丰都县
超小型城市	小于 25 万	南川区、铜梁区、忠县、潼南区、璧山区、垫江县、梁平区、丰都县、黔江区	丰都县、黔江区	黔江区

数据来源：①2010 年、2015 年数据来自况人瑞. 成渝城市群发展演化特征及其影响因素研究［D］. 重庆：西南大学，2020.

②2019 年数据根据《四川统计年鉴》《重庆统计年鉴》相关数据计算并整理得到。

总体来看，2010—2019 年，成渝地区双城经济圈城市规模等级结构演变遵循两大规律。一是出现了 1 个超大城市、3 个大型城市（达州市、南充市、宜宾市），改变了多年存在的城市断层现象。2015 年，成都一跃成为超大型城市，填补了经济圈内无超大城市的空白。二是城市规模体系整体向合理化转变。超大型、大型、小型城市增多，城市规模整体提升。特别是大型城市出现了从无到有的转变，弥补了城市规模上的大型城市“断层”现象，城市规模等级结构的“金字塔”结构开始松动，向“橄榄型”结构迈进。部分中型城市升级为大城市且中型城市数量不断较少，一方面反映出部分中型城市在人口集聚方面具有优势；另一方面也反映出大量中小城市在人口集聚方面的优势不明显，甚至难有优势，使得长期以来中小城市发展为中型城市乏力，离“橄榄型”城市体系还存在差距。超小城市得益于人口规模逐渐增加，迈入小城市行列，导致小城市数量显著上升。超小城市数量加速减少，为形成合理的“橄榄型”城市规模等级结构提供了条件。成渝地区双城经济圈的城市等级体系呈现愈发合理的良好态势，但是距离理想的城市规模等级还存在不小距离。下一步要在继续培养大型城市、中型城市上下功夫，通过做强优势产业规模提升城市的人口吸附力度。

二、成渝地区双城经济圈城市首位度分布演化特征

经济圈区域内的各个城市，其地域面积、人口数量、经济体量等均有所不同。本书利用城市首位度的计算方法来计算成渝地区双城经济圈的人口规模结构。首位度越大，城市规模分布越集中。本书计算了首位度的二城市指数、四城市指数，分别用 S_2 、S_4 表示。P_1 表示人口数量最多的城市，以此类推。按照位序-规模法则，理想的城市首位度应为 2，四城市指数应为 1。

具体公式如下：

$$S_2 = P_1 / P_2$$

$$S_4 = P_1 / (P_2 + P_3 + P_4)$$

从人口规模演化路径来看，成渝地区的人口等级规模演化路径基本是人口规模逐渐向核心城市集中的变化过程。“双核心”的成渝地区双城经济圈在演化过程中，重庆和成都在经济圈内人口规模的不断增大。与此同时，各地级市人口规模演化路径则是人口在经济圈内所占比重持续下降，地级市城市的人口规模不断收缩。2010—2018 年成渝地区双城经济圈城市人口数量表见表 6-2。

表 6-2　2010—2018 年成渝地区双城经济圈城市人口数量

城市	2010		2015		2018	
	人口/万人	占比/%	人口/万人	占比/%	人口/万人	占比/%
重庆市	3 303.45	30.53	3 371.84	30.73	3 404	30.90
成都市	1 149.07	10.62	1 228.05	11.19	1 476	13.40
自贡市	325.96	3.01	327.46	2.98	323	2.93

表6-2(续)

城市	2010		2015		2018	
	人口/万人	占比/%	人口/万人	占比/%	人口/万人	占比/%
泸州市	502.32	4.64	505.68	4.61	510	4.63
德阳市	389.15	3.60	389.99	3.55	387	3.51
绵阳市	541.87	5.01	545.48	4.97	536	4.87
遂宁市	381.43	3.53	378.75	3.45	365	3.31
内江市	425.53	3.93	420.43	3.83	412	3.74
乐山市	353.35	3.27	353.79	3.22	351	3.19
南充市	751.72	6.95	742.33	6.76	728	6.61
宜宾市	539.02	4.98	552.08	5.03	552	5.01
广安市	466.16	4.31	467.39	4.26	462	4.19
达州市	685.49	6.34	682.8	6.22	666	6.05
资阳市	501.13	4.63	503.68	4.59	346	3.14
眉山市	349.08	3.23	349.16	3.18	345	3.13
雅安市	154.9	1.43	154.91	1.41	153	1.39
合计	10 819.63	100.00	10 973.82	100.00	11 016	100.00

数据来源：《四川统计年鉴》《重庆统计年鉴》，表中城市人口为全域人口。

本书采用各城市城镇常住人口作为城市规模的特征量，利用城市规模首位指数公式，计算得到2010—2018年3个时间节点上的成渝地区双城经济圈城市规模指数（见表6-3）。

表6-3　2010—2018年成渝地区双城经济圈城市规模指数

年份	S_2	S_4
2010	2.929	1.277
2015	2.746	1.336
2018	2.306	1.186

从人口规模变动来看，双城经济圈的人口呈现出各非核心城市向核心城市集聚的特征。从2010—2018年，重庆和成都市在经济圈内人口占比逐年增加。2010—2018年3个时间截面的首位度始终介于2.0~3.0，反映出经济圈以成都

和重庆主城区为中心的典型的双核结构特征。同时，这一期间的首位度指数由2.929降至2.306，说明成都相对于重庆的人口集聚作用更强，人口规模增长更快，资源要素集聚能力和辐射影响能力更加突出。期间的经济圈四城市指数由1.27降低到1.18，反映出首位城市与非首位城市规模差距在逐步扩大，地级市城市的人口规模不断收缩，首位城市规模集聚效应更加明显。从人口规模变动来看（见表6-2），除宜宾市增加了0.12个百分点，其余非核心城市人口规模在经济圈占比持续下降，非核心城市人口规模的逐年降低说明重庆与成都两市具有高度的人口虹吸效应，非核心城市人口下降的趋势在将来持续的可能性较大。以上分析表明，2010—2018年，经济圈的人口规模结构发育总体尚不成熟，需要进一步优化。

第三节　成渝地区双城经济圈经济空间结构特征分析

一、经济集中度测算

为分析成渝地区双城经济圈的经济空间结构，本节对各市经济集中度进行测算。采用以下公式：

$$GDP_c = \frac{GDP_{i,\ city}}{GDP_i}$$

其中，$GDP_{i,\ city}$ 表示第 i 年，经济圈内城市 city 的地区生产总值，GDP_i 表示第 i 年成渝地区双城经济圈的地区生产总值。2010年、2015年、2018年16市的经济集中度如表6-4所示。

表6-4　2010—2018年成渝地区双城经济圈城市经济集中度

城市	2010年	2015年	2018年
重庆市	0.342	0.357	0.354
成都市	0.239	0.245	0.267
自贡市	0.027	0.026	0.024
泸州市	0.030	0.030	0.029
德阳市	0.039	0.036	0.038
绵阳市	0.041	0.038	0.040
遂宁市	0.021	0.020	0.021

表6-4(续)

城市	2010 年	2015 年	2018 年
内江市	0.029	0.027	0.024
乐山市	0.032	0.029	0.028
南充市	0.035	0.034	0.034
宜宾市	0.037	0.034	0.035
广安市	0.023	0.022	0.021
达州市	0.035	0.030	0.029
资阳市	0.028	0.028	0.018
眉山市	0.023	0.023	0.021
雅安市	0.012	0.011	0.011

数据来源：由中国国家统计局数据整理计算得到。

根据各市经济集中度数据，分别按照大于 10%、5%~10%、3%~<5%以及小于 3%统计经济圈内的城市数量（见表 6-5）。从 2010—2018 年，成渝地区双城经济圈的效应经济等级结构从“2-0-7-7”转变为“2-0-4-10”，经济圈内部的经济发展马太效应愈发明显。地区生产总值大于 10%的城市只有重庆市与成都市 2 个城市，且介于 5%~10%的城市数量一直为 0。这表明在城市经济等级结构中的第二梯队长期缺位。非核心城市的经济实力与核心城市存在着非常大的差距，且长期未得到改变。占比在 3%~<5%的城市则出现了快速萎缩的局面，由 2010 年的 7 个减少到 2018 年的只剩 4 个，减少的 3 个市分别为泸州、乐山、达州，越来越多的城市的地区生产总值占比缩小至小于 3%。2018 年有 10 个城市的地区生产总值占比低于 3%，占城市数量的 62%。由此可见，地级市经济的相对萎缩现象在经济圈越发严重。

表 6-5 城市经济等级结构划分

地区产值占比/%	城市数量/个		
年份	2010 年	2015 年	2018 年
大于 10	2	2	2
5~10	0	0	0
3~<5	7	6	4
小于 3	7	8	10

数据来源：由《四川统计年鉴》《重庆统计年鉴》数据计算得到。

二、经济等级规模特征

从经济集中度来看，首位城市——重庆、成都两个城市的经济集中度最高；重庆、成都两城市已在地区生产总值这一指标上形成稳定的双核心，占城市群地区生产总值比重在2018年达到了61%；2018年成渝城市群的经济等级结构为“2-0-4-10”。重庆与成都一直以来是成渝城市群中最稳定的核心，地区生产总值比重2010—2018年始终遥遥领先其他城市，经济集聚效应不断增强。但是需要警惕的是，成渝城市群下的其他城市其经济占比却在逐年下降，自贡、乐山、达州、资阳、内江等城市在地区中的经济集聚效应不断减弱，这不利于城市群总体经济规模扩张，影响了城市群合理的经济等级结构。

核心城市的经济集聚效应处于聚集阶段。通常来说，在经济增长的过程中，由于某些区位优势而较早实现快速经济增长的地区，吸引周围区域的生产要素和产业集聚，聚集效应变大，此时扩散效应的作用效果较小；随着要素不断流动，由于要素的过度集中产生外部负效应和资本转移以及知识技术扩散产生正外部效应，促使扩散效应扩大并超过聚集效应①。劳动力等生产要素流动、技术扩散和溢出在空间有限性的作用下，聚集和扩散效应呈现出此增彼减的特征。成渝地区双城经济圈已经形成了较为稳定的双核发展模式。重庆与成都是在经济圈内毋庸置疑的核心，近年来其经济规模和集聚效应不断呈增强态势。两个核心的经济集中度不断提升导致经济圈内其他城市的经济增长动力较弱，两城市对周围地区生产要素、劳动力吸纳效应远大于辐射效应。当前成渝地区双城经济圈内次一级的核心城市尚未出现，没有经济集中度处于5%~10%的城市。可以看出，成渝地区双城经济圈还处于增长极的扩散效应未发挥得阶段，因此，进一步做强重庆与成都两大国家核心城市，才能进入增长极发挥扩散效应的阶段，引领整个经济圈的发展。

第四节　空间结构优化的国内国际对比

成渝地区双城经济圈作为我国中西部地区经济文化最发达最活跃的区域之一，自2011年开始，历经“成渝经济区”“成渝城市群”再到“成渝地区双城经济圈”的决策部署，体现了国家高质量发展的战略内涵，也表明了中央

① 李美琦. 中国三大城市群空间结构演变研究［D］. 长春：吉林大学，2018.

对成渝地区成为继长三角、珠三角、京津冀之后“第四极”的期望[①]。具体来讲，《成渝经济区区域规划》明确规定把成渝经济区建设成为西部地区重要的经济中心、深化内陆开放的试验区、统筹城乡发展的示范区和长江上游生态安全的保障区，到2016年，《成渝城市群发展规划》明确要推进西部大开发和长江经济带建设等战略互动，释放中西部地区巨大内需潜力。从区域规划到城市群发展规划，从地理空间走向经济空间，形成了开放式发展格局和城镇功能布局体系[②]。2020年1月3日，习近平总书记在中央财经委员会第六次会议中指出推动成渝地区双城经济圈建设，有利于在西部形成高质量发展的重要增长极，打造内陆开放战略高地，对于推动高质量发展具有重要意义。总的来看，成渝地区经济社会发展取得了重大历史性成就，进一步扩展了国家发展的战略回旋空间，然而也面临着发展不平衡不充分、外部竞争激烈、生态环境保护任务艰巨等问题。

虽然欧美国家城市群建设背后表征的是资本驱动下的城市空间扩张，但不可否认其对城市发展规律的一般性总结及其在提高城市经济效率方面的相关理论及经验也符合中国特色社会主义的基本要求，即全体人民共享改革发展成果[③]。成渝地区双城经济圈的空间优化措施，离不开向欧美发达国家城市群的经验借鉴。只有在继续发挥中国特色社会主义理论优越性的同时，博采众长，吸纳西方经济学理论中的有益部分，才有利于自身加快发展。欧美国家城市群在空间优化方面不乏经典案例和优秀经验供中国借鉴。

一、我国沿海三大城市群空间规划

珠三角城市群在空间规划上已经进行了卓有成效的探索与实践，走在了城市群前列。特别是在打破行政界限构建经济区域，从碎片化区域到实现空间联动方面的探索值得成渝地区双城经济圈借鉴。

珠三角城市群是我国乃至全球最具经济发展活力的城市群之一，拥有具备全球影响力和竞争力的先进制造业基地和现代服务业基地，是我国重要的对外开放的门户。该城市群的空间结构较为稳定，产业集聚能力强，特别是空间联

---

① 杨骞，方译翎，曹麒麟. 推动成渝地区双城经济圈建设的战略逻辑、动力及建议［J］. 决策咨询，2020（5）：12-16.

② 杨骞，方译翎，曹麒麟. 推动成渝地区双城经济圈建设的战略逻辑、动力及建议［J］. 决策咨询，2020（5）：12-16.

③ 姚常成. 多中心空间结构视角下新时代中国城市群的协调发展研究［D］. 长春：吉林大学，2019.

动逐步增强。具体来看，珠三角城市群大概经历了四次优化调整，1994 年的《珠江三角洲经济区城市群规划》首次提出“珠三角城市群”，明确提出要建立“多核心结构”城市群目标和中东西“三大都市区”结构；2004 年的《珠江三角洲城镇群协调发展规划》中，强调珠三角城市群要形成“一脊三带五轴”的区域空间结构；2008 年，《珠江三角洲地区改革发展规划纲要（2008—2020 年）》进一步明确实施三大城市群的多元化发展策略，优化珠江三角洲地区空间布局，以广州、深圳为中心，以珠江口东岸、西岸为重点，推进珠江三角洲地区区域经济一体化，带动环珠江三角洲地区加快发展，形成资源要素优化配置、地区优势充分发挥的协调发展新格局①；2015 年发布的《珠江三角洲全域空间规划》中提出要统筹生产、生活、生态发展三大空间，重点建设珠三角公交都市区，持续深化落实区域创新空间，并进一步强化粤港澳的基础设施对接与合作机制创新等。总之，从第一次提出珠江三角城市群以来，历经四次重要战略规划的谋篇布局，旨在打破行政边界对于经济区建设的制约，强化从碎化的区域到聚集城市群再到空间联动。

长三角城市群是我国经济最具活力的地方，也是我国重要的经济增长极之一，在中国国家现代化建设大局和全方位开放格局中具有重要的战略地位②。2010 年，《长江三角洲地区区域规划》提出世界级城市群战略定位和“一核九带”的区域空间布局，加快“一核”（上海市）和“两翼”（南京市和杭州市）核心区发展，完善区域中心城市（苏州市、无锡市、宁波市）功能，引导人口合理分布，调控城镇人口规模。2016 年制定的《长江三角洲城市群发展规划》从以往的两省一市（苏、浙、沪）逐渐扩展到三省一市（苏、浙、皖、沪）的区域发展新格局，提出构建“一核五圈四带”网络化空间格局，即发挥上海市的龙头带动作用和区域中心城市的辐射带动作用，推动南京都市圈、杭州都市圈、合肥都市圈、苏锡常都市圈、宁波都市圈的同城化发展，强化沿海发展带、沿江发展带、沪宁合杭甬发展带、沪杭金发展带的聚合发展，空间布局由“一核五圈”的 17 市扩展到长三角城市群的 26 市③。

京津冀城市群是中国北方经济的重要核心区，其定位是“以首都为核心

---

① 广东省政府. 珠江三角洲地区改革发展规划纲要（2008—2020）[EB/OL].(2014-06-10)[2020-12-05]. http://www.scio.gov.cn/xwfbh/xwbfbh/wqfbh/2014/20140610/xgzc31037/Document/1372733/1372733_2.htm.

② 赵梓渝. 基于大数据的中国人口迁徙空间格局及其对城镇化影响研究［D］. 长春：吉林大学，2018.

③ 韩欢. 都市圈到城市群：区域一体化的演进路径：基于长江三角洲区域的研究［J］. 改革与战略，2020，36（8）：103-110.

的世界级城市群、区域整体协同发展改革引领区、全国创新驱动经济增长新引擎、生态修复环境改善示范区”①。2015 年，《京津冀协同发展规划纲要》突出有序疏解北京非首都功能这一核心，明确了京津冀三省市的功能定位，提出了“一核双城三轴四区多节点”② 的空间结构。具体来讲，充分发挥京津冀比较优势，加快推动错位发展与融合发展，创新合作模式与利益分享机制，在更大范围内促进生产要素有序流动和优化配置，在产业转移、人才一体化发展、交通一体化、生态环境保护等领域做出具体规范，不断优化京津冀城市群空间布局，提升人民生活质量和整体竞争力。

二、欧美区域城市群空间发展

1. “欧洲空间发展远景展望”（ESDP）

1995 年的欧盟拥有 320 万平方千米土地和超过 3.7 亿的居民，经济发展水平比较发达，但欧盟内部依然存在着发展不平衡问题。为了实现整个欧盟地区的协调可持续发展，缩小地区内的经济发展差距，需要构建一个均衡的空间发展格局。1999 年，欧盟在卢森堡正式通过了“欧洲空间发展远景展望”（European spatial development perspective，ESDP），对实现欧盟地域经济一体化及城市群的协调、可持续发展做出了突出贡献③。ESDP 最关键的内容是在发展均衡的多中心城镇体系基础上，提高欧盟各国家之间的交通基础设施和市场交易的可达性④，形成多头联动的多中心城镇体系。具体来看，包括城市网络中的多中心性，政治地位的多中心性。此外，多中心还强调“机会均等”，因为只有各个国家或地区在发展过程中享有均等的发展机会，强调基础设施的均等化分布，才能有利于形成多核心城市群协调发展的格局。

---

① 张倪. 都市圈和城市群建设将成为中国经济增长最大潜能［J］. 中国发展观察，2020（Z5）：11-12，15.

② “一核”指北京，要有序疏解北京非首都功能、优化提升首都核心功能、解决北京“大城市病”问题。“双城”指北京、天津，要进一步强化京津联动，全方位拓展合作广度和深度，加快实现同城化发展，共同发挥高端引领和辐射带动作用。“三轴”指京津、京保石、京唐秦三个产业发展带和城镇聚集轴，是支撑京津冀协同发展的主体框架。“四区”分别是中部核心功能区、东部滨海发展区、南部功能拓展区和西北部生态涵养区，每个功能区都有明确的空间范围和发展重点。“多节点”包括石家庄、唐山、保定、邯郸等区域性中心城市和张家口、承德、廊坊、秦皇岛、沧州、邢台、衡水等节点城市，重点是要提高其城市综合承载能力和服务能力，有序推动产业和人口聚集。

③ 姚常成. 多中心空间结构视角下新时代中国城市群的协调发展研究［D］. 长春：吉林大学，2019.

④ 景娟，钱云，黄哲姣. 欧洲一体化的空间规划：发展历程及其对我国的借鉴［J］. 城市发展研究，2011（6）：1-6.

2. “美国 2050” 空间战略规划

进入 21 世纪以来，美国国内区域间、区域内部以及城市间经济发展差距不断拉大，特别是美国西部和南部地区的发展速度绝对优先于其他地区。为了应对整个国家经济增长乏力、地区经济发展不均衡的困境，美国政府出台了“美国 2050”空间战略规划[①]。“美国 2050”空间战略规划是一项以基础设施投资建设为主的非官方国家战略，其核心内容是要打造一群具有全球竞争力的特大都市圈，以此来发掘美国经济新的增长点和新的地理单元。为了加强各大都市圈之间的经济联系，促进资源在各大都市圈之间的自由流通，高速铁路网规划成为“美国 2050”空间战略规划的先导和重点。高速铁路的规划建设，以及海港、联合运输网络中心、贸易通道等交通运输系统的设计，将有利于推动美国国内资源要素的跨区域流动和高效配置，实现整个国家的经济一体化建设，缩小不同区域之间的经济发展差距。针对城市群或落后地区，国家便可因地制宜，引导不同地区的市场经济发挥不同的作用。

三、韩国的去中心化空间发展

韩国都市圈主要集中在首尔市、仁川广域市和京畿道地区，2000 年，该都市圈还集中了全国 55%的制造业企业、70%的尖端企业、88%的大企业以及 84%的国家公共机构等[②]。为了应对经济活动过于集中，地区经济发展差距逐步拉大等发展问题，韩国政府通过不断调整《国土综合开发规划》来向外疏解核心城市的非核心功能；通过在非核心城市中试点建设“创新城市”来带动非核心地区的经济发展，帮助落后地区实现弯道超车[③]。最后，韩国的高铁网络建设也提升了非核心区的通达性水平，实现了整个地区的经济一体化，缩小了地区的经济发展差距。具体来看，20 世纪 70 年代以后，韩国政府通过编制和调整综合性的《国土综合开发规划》（*Comprehensive National Land Development Plans*，CNLDPs）来推动地区经济均衡发展，调整以往以经济开发计划为基础进行的单独国土开发模式。

第一个《国土综合开发规划》于 1972 年推出，为了支持经济和工业的快速发展，该规划在首都（首尔）和其他一些特殊地区选取了一些具有潜力的

---

① 刘慧，樊杰，李扬.“美国 2050”空间战略规划及启示［J］. 地理研究，2013（1）：90-98.

② 蔡玉梅. 韩国首都圈区域规划的特点与启示［OL/S］.（2014-06-04）［2020-12-10］.http://blog.sina.com.cn/s/blog_4a6d40030102ewld.html.

③ 姚常成. 多中心空间结构视角下新时代中国城市群的协调发展研究［D］. 长春：吉林大学，2019.

增长极。这些增长极区域旨在培育出大规模的出口制造企业，为该国的经济增长提供动力支撑①。第二个《国土综合开发规划》提出了促进其他较不繁荣地区经济增长的平衡发展目标②：一方面，积极培育一批成长潜力较大的城市，如重点开发大邱、光州、大田等城市，形成能与首尔、釜山实现联合发展的多核心空间结构；另一方面，转移首尔和釜山内不适合发展的工业，再配置或抑制大学等公共机构在核心地区的集中。此外，该计划还在50个城市中选择了15个区域增长中心，并将国家划分为28个自给自足的综合定居单位，以此来扩大国家的整体发展潜力。针对岛屿、山区等相对落后地区，国土规划中将这些地域设定为特殊地域，政府给予积极支援或开发建设③。第三个《国土综合开发规划》提出了扩大区域增长中心范围，以建立一个分散的国家空间格局的目标。政府首先强调通过将区域核心城市与周边城乡联系起来，为整个区域创造自给自足、具有竞争力的集聚经济基础，其次是抑制核心地区的产业和人口集中趋势④。

可以看出，这些国外案例和我国目前以城市群发展为基本单位的城市发展政策的基本思路是相同的。这些案例值得我国学习借鉴的就是，要尽可能地保障中心城市和大中小城市基础设施建设的完备性。要达到这样的目标，就要加强城市之间的合作，特别是发挥中心城市对城市群内其他城市的带动作用。虽然中国也在借鉴和学习西方的多方合作机制，如长三角等地区的经济联席会等，这些尝试也取得了一定的效果；但城市群的发展规划不能仅依靠政府的力量来推动，也不能仅通过行政手段来打破地区行政壁垒，以此来实现城际产业分工与协作。城市群的发展规划还需要依靠市场手段的力量，这样才能保证发展规划真正落地生根，发挥引领作用⑤。对于成渝地区双城经济圈而言，由于成渝双核和其他城市在各方面已经存在较大差距，所以更要注重基础设施和公共服务在整个城市群中的配置，形成“宏观顶层设计-中观组织衔接-微观个体合作”。

---

① JOON-KYO SEO. Balanced national development strategies：The construction of Innovation Cities in Korea [J]. Land Use Policy，2009，26：649-661.

② 姚常成. 多中心空间结构视角下新时代中国城市群的协调发展研究 [D]. 长春：吉林大学，2019.

③ 欧海若，鲍海君. 韩国四次国土规划的变迁、评价及其启示 [J]. 中国特地科学，2002 (4)：39-43.

④ OON-KYO SEO. Balanced national development strategies：The construction of Innovation Cities in Korea [J]. Land Use Policy，2009，26：649-661.

⑤ 姚常成. 多中心空间结构视角下新时代中国城市群的协调发展研究 [D]. 长春：吉林大学，2019.

第五节　成渝地区双城经济圈空间优化路径

一、促进大中小城市协同发展

很多专家学者对成都和重庆主城区这两大核心进行比较后发现，“双核”各有千秋，重庆可能需要更多注重主城区对高端要素的吸引集聚能力，而成都在产业布局和就业上也需要持续增强。两大城市要不断完善成渝地区双城经济区圈合作机制，推动优势互补、错位发展，如成都依托轻工业基础发展新兴科技中心，重庆凭借长江航运优势加快打造对外交往中心，共同建设世界级机场群，加快“双核”协同发展。

虽然如此，相较于“双核”自身的比较，成渝地区双城经济圈最大的问题就是修复城市规模和城市联系“断层”，促进大中小城市协调发展，加强大城市培育。随着成都和重庆主城区集聚吸引能力的显著提升，“双核独大”现象愈加突出，经济圈内城市规模和城市联系上均出现明显“断层”。虽然 2020 年南充、宜宾、达州三市首次跃升为大城市，弥补了断层，但是从合理的城镇规模体系来看还远远不够，加快培育更多人口五百万以上的大城市对经济圈的经济高质量发展不仅具有重要意义，更有利于推动经济圈大中小城市协调发展。充分发挥不同规模城市的比较优势，共享发展环境、政策、资源、平台，实现生产要素自由流动，发挥市场配置资源的决定性作用，提高资源配置整体效率，形成优势互补高质量联动发展新格局。推进成都平原经济区一体化发展，共同打造中国新一代信息技术基地、重大装备智能制造基地、国家军民融合示范基地和世界旅游目的地。推进川南经济区一体化发展，做强泸州-宜宾组团，推动内江-自贡同城化发展，共建现代产业集中发展区。推进川东北经济区振兴发展，加快建设川渝合作先行示范区，做强南充-达州组团。推进攀西经济区转型升级，高质量建设攀西国家战略资源创新开发试验区，推进安宁河谷综合开发，巩固脱贫攻坚成果。推进川西北生态示范区建设，加大生态补偿制度探索创新力度，大力发展绿色生态经济。加快推进革命老区、少数民族地区、相对贫困地区、老工业地区、资源型地区等特殊类型地区的高质量振兴发展。将广安与重庆主城都市区一体规划，进一步完善重庆中心城区带动周边区（市、县）共同发展的空间格局。

二、充分发挥政府引导作用，增强城市规划的科学性

就产业发展而言，成渝两地各有优势，成都与重庆两大核心城市已经初步建成现代化产业体系框架，针对两个城市的区位条件和产业发展基础，在强化自身比较优势的基础上要进一步推动两地产业分工协作，进而带动整个经济圈发展。成渝两市要形成产业优势互补，错位竞争，形成相对独立又互相补充的经济格局。要大力布局新型基础设施建设，进一步优化完善成渝地区交通的运输网络体系和组织方式，大大提高两地的通勤时效和服务水平。成渝两市间已有成渝高速公路、铁路连接，当前正在建设成渝中线高速铁路，建成后两市通勤时间将压缩至 1 小时以内。此外，要提高以核心城市为枢纽的跨地区的国内物流网络和跨国别的国际化运输通道通达性，提升流通效率。就市场建设而言，依托成渝两地国家级新区、高新区、自贸区等对外开放平台，深入对标世界银行营商环境评价标准，加快由商品和要素流动型开放向规则等制度型开放转变，着力推进营商环境优化升级，推进要素价格市场化，通过新一代信息技术、数字化空间减少区域空间的交易成本，加快区域要素流动与整合，增强优质产业、技术、资本等国际资源链接能力。

成渝地区双城经济圈空间结构的演变方向受政府政策影响，需要通过上级政府建立有效的协调机制，根据各城市自身发展的需要，制定适应于不同城市发展的不同的措施，来协调经济圈发展进程中的各种问题，充分考虑经济圈规模、等级综合承载能力，通过政府协调机制的建立，最大限度地避免成渝地区双城经济圈自身空间资源的浪费。要坚持“精简、统一、效能”的原则，加大区域资源整合力度，优化总体布局。适应加强区域合作和一体化的内在要求，将经济圈作为区域经济分析的标准经济区域，在基础设施、产业、公共服务等空间布局方面，将经济圈作为区域政策制定的基本空间单元①。科学规划经济圈空间布局，实现紧凑集约、高效绿色发展。成渝地区双城经济圈以成都与重庆两大经济圈极核带动中小城市发展，提升经济圈整体经济水平，一方面可以缓解成都重庆城市人口过度集聚诱发的各种“城市病”，另一方面也可以缩小城市发展差距，促进区域协调发展②。要疏通经济圈空间功能分工对实体经济发展的渠道机制。政府的规划引导应基于地理条件约束和技术改变，体现

---

① 赵勇，魏后凯. 政府干预、城市群空间功能分工与地区差距：兼论中国区域政策的有效性 [J]. 管理世界，2015 (8)：14-29，187.

② 黄妍妮，高波，魏守华. 中国城市群空间结构分布与演变特征 [J]. 经济学家，2016 (9)：50-58.

为一个动态管理和阶段性的过程。规划应处理好宏观调控、市场机制和微观之间的关系，推动产业互动、多样化集聚和市场准入协同完善，为实体企业成长营造良好的配套环境①。

从姚作林等②、赵映慧等③、孙继平和侯兰功④等的研究中可以看出，成渝地区双城经济圈已经呈现双中心、网络化等结构特征，接下来应该充分利用双中心网络化空间结构推进实现区域一体化发展。而推动经济圈区域一体化，首先应加强区域一体化发展的顶层设计。一是基于《成渝地区双城经济圈发展规划纲要》，明确经济圈发展目标、内容和实施细则，完善规划配套法律法规和发展政策。通过制度创新和信息化建设，推行“跨区办公”“一网办事”等便捷工作方式，提升各行各业的工作效率。二是全面铺开一体化建设，从基础设施、公共服务和市场角度出发，促进区域资源、技术、人才等生产要素自由流通和资源的优化配置，形成一体化的产业链、供应链、创新链、人才链、资金链等市场资源配置机制，同时保证交通、教育、社保等公共服务互通。

三、充分发挥成渝双核的核心作用，打造成渝地区双城经济圈多元网络系统

经济发展主要靠市场来推动，拓展到一个区域就是要有良好的区域自组织功能，通过区域自身的造血功能使区域不断发展壮大，在经济、社会、文化活动上相互融合，共生互补⑤。成渝双核城市的空间相互作用能力弱，从而削弱了两市的辐射扩散能力。成渝两市想要提升自身的经济实力和竞争力，获得更大发展，就要实现强强联合，在经济、社会、文化活动上共生互补、相互融合，形成要素市场、产业发展、基础设施建设、城市化进程及生态保护及可持续发展的一体化协调发展。最重要的是成渝两市要放下“瑜亮情节”，携手打造中国经济“第四极”，具体要实现公共服务的共建共享，建立市场化合作平台，引导产业差异化竞争、相向发展，增进两市联系，为成渝两市在市场、产业等方面的进一步合作创造条件。

---

① 刘胜，顾乃华，李文秀，等. 城市群空间功能分工与制造业企业成长：兼议城市群高质量发展的政策红利［J］. 产业经济研究，2019（3）：52-62.

② 姚作林，涂建军，牛慧敏，等. 成渝经济区城市群空间结构要素特征分析［J］. 经济地理，2017，37（1）：82-89.

③ 赵映慧，李佳谣，郭晶鹏. 基于百度指数的成渝城市群网络联系格局研究［J］. 地域研究与开发，2017，36（4）：55-59.

④ 孙继平，侯兰功. 基于腾讯人口迁徙数据的成渝城市群网络结构特征研究［J］. 现代城市研究，2020（9）：78-85.

⑤ 杜娟. 成渝双核型空间结构及竞合关系研究［D］. 成都：西南交通大学，2007.

随着大数据、云计算等技术在社会经济发展中的广泛应用，智能城市的建设成为当前经济圈发展进程中不可缺少的一环。以高度智能化的信息网络平台为载体，着力培育交通节点，将整个地区双城经济圈有机结合在一起①，打造成渝地区双城经济圈的智能网络系统。智能网络系统是以成都与重庆双核心为枢纽，向重庆周边区县和四川地市州城市扩散，加速推动各类生产要素在成渝地区范围内快速流动与合理调配。当经济圈中以宜宾为核心的川南城市群、以遂宁南充为核心的川东北城市群，正加快推进同重庆毗邻区域的合作示范，强化成渝地区不同空间上的协同联系，强化对成渝两个核心城市产业转移和要素外溢的承载能力，推动呈现逐步多中心发展模式。

成渝地区双城经济圈的网络城市系统应强调区域内部合作的开放性，鼓励区域间合作。鼓励成渝地区双城经济圈内各城市与其他地区发展跨区合作，通过与其产业、公共服务、技术创新、生态环保等各方面的沟通交流合作，进一步带动经济圈的整体发展。成渝地区双城经济圈网络城市系统应该建立各周边城市与各节点城市之间的合作与分工，削弱行政区划对经济区发展的制约，构建满足成渝地区双城经济圈要素自由流动、信息高效率传输、产业优势互补、功能分工协作的区域的交通运输网络、电力设施、信息基础设施，构建充分发挥成渝双核的核心作用，推动成渝地区双城经济圈网络城市可持续发展的多元空间形态。

① 阴俊．辽中城市群空间结构从多中心化向单中心化“逆发展”的机理研究［D］．长春：吉林大学，2018.

第七章　基于协调机制的成渝地区双城经济圈高质量发展

第一节　协调机制建设需求

一、协调机制建设的必要性

经济圈高质量协调发展的治理体系现代化就是要在一系列地方政府治理行为的基础上，构成的中央与地方政府以及地方政府之间的交互关系，以及呈现出的各种制度安排、网络形态以及互动机制①。从城市到经济圈的空间范围考察可以发现，成渝地区双城经济圈内各城市之间的协调发展情况欠佳，迫切需要建立完善的城市间协调机制，解决产业集聚趋同、城市间恶性竞争等问题，实现高质量发展。

从高质量协调发展的治理体系具体构成方面进行分析，一是我国当前空间发展形式正在向以核心城市和经济圈为主体的格局转变，探讨跨行政区域的经济圈发展仍然是关注的重点，由于西部地区各城市间市场经济发育不足，行政壁垒尚存，“行政区经济”思维模式突出，使得人口、资本、技术等生产要素的自由流通问题依然存在；二是省会城市和非省会城市、经济发达城市和非发达城市等行政等级和财政税收差异大，形成发展的恶性累积因果循环；三是经济圈间经济活动的外部性“正与负”不一，导致选择方向差异较大。具体来看，一是表现为核心城市重庆与成都其引领的城市间协调发展情况欠佳，制约了成渝地区双城经济圈整体高质量发展。从前述分析可以发现，成渝地区双城经济圈的非核心城市存在着经济总量长期偏低问题，与核心城市在财政收入、

① 锁利铭. 区域治理体系与治理能力现代化的重大时代意义［J］. 国家治理，2019（1）：9-15.

经济发展、基础设施建设方面有较大差距。这些差距是长期存在的，近年来还有拉大的趋势。核心城市与非核心城市的差距进一步拉大，不利于经济圈内的协调发展，迫切需要建立城市间的协调机制。二是各非核心城市之间的协调机制尚未建立，协调意识欠佳。成渝地区双城经济圈各非核心城市横向联系少。受制于发展现状与水平，这些城市都存在经济规模偏小缺乏强劲产业支撑、创新型企业数量较少且创新能力不强、经济外向度低等现实问题①，其城市功能的作用难以发挥。从利用外资情况来看，除了重庆市与成都市，其余城市的外资利用规模普遍显著偏低，这影响到了构建内外双循环下的外循环。城市之间“横向”联系缺乏。非核心城市专注于同成都或者重庆扩大经贸交流人员往来，忽视了与其他地级市的横向交流沟通，当前依托“一带一路”“长江经济带”等战略部署，以及新亚欧大陆桥尚未形成非核心城市间协调发展的格局，这迫切需要从更高层级进行统筹协调。以川南城市群为例，虽然已经成立了川南四市的联席会议，但是这种会议没有改变本质上川南四市的竞争状况，竞争仍然大于合作，联席会议没有取得突出的促进城市间协调发展的效果。

二、成渝地区双城经济圈协调机制构成分析

从高质量发展的机制内容考察：一是资源要素在更大区域范围内高效配置的机制缺失，城市间产业同构、恶性竞争问题仍未解决；二是行政区划下的经济区域（城市、城市群）阻碍产业分工协作，经济区和行政区适度分离的机制创新尚处在探索阶段，导致产业链供应链区域割裂，城市间协调推进的利益分配机制核心问题依然没有得到充分解决；三是分税制改革后，地方财权和事权不相适应，地方财政可持续性不佳，致使单个城市仅注重自身的投资，如基础设施、公共服务等领域，无法在经济圈范围内形成整体提升；四是经济圈高质量发展的规划体系整体性和协调性不强，跨行政区的统一协调规划缺乏或落实不积极、不到位，合作内容推进有效性欠佳②；五是经济圈高质量发展的推进体系建设滞后，既缺乏国家层面的协调机制建设，核心城市、城市间的统筹合作联系也较少，同时城市间的沟通衔接落实不到位或缺少载体，经济圈内部竞争合作状态没有相应的奖惩机制作为强制推行动力；六是城市间公共服务供给水平差异大。

---

① 冯奎. 优化中心城市和城市群治理促进西部大开发形成新格局［N］. 中国城市报，2020-07-06（14）.

② 盛广耀. 黄河流域城市群高质量发展的基本逻辑与推进策略［J］. 中州学刊，2020（7）：21-27.

第二节 成渝地区双城经济圈协调机制运行思路

基于区域发展差距依然较大，区域发展不平衡不充分特征日益突出，我国经济发展的空间结构正在发生的深刻变化，习近平总书记从“区域经济发展分化态势明显、发展动力极化现象日益突出、部分区域发展面临较大困难”三个方面进行了科学概括，同时做出了我国经济发展的空间结构正在以核心城市和经济圈为承载发展要素主要空间形式的科学判断①，并在此基础上提出新形势下促进区域协调发展的总思路：按照客观经济规律调整完善区域政策体系，发挥各地区比较优势，促进各类要素合理流动和高效集聚，增强创新发展动力，加快构建高质量发展的动力系统，增强核心城市和经济圈等经济发展优势区域的经济和人口承载能力，增强其他地区在保障粮食安全、生态安全、边疆安全等方面的功能，形成优势互补、高质量发展的区域经济布局。产业和人口向优势区域集中，形成以经济圈为主要形态的增长动力源，进而带动经济总体效率提升②。

一、核心城市和经济圈是打造新动力源的空间载体

城市作为区域经济发展的重要载体，彼此间联系日益紧密。然而，由于我国地方政府在区域经济发展中占主导地位③，行政区和经济区在一定程度重叠，也催生行政区划范围对全国一体化市场的割裂，形成市场壁垒，“行政区经济”与“经济区经济”之间的矛盾不断突显和激化。从我国区域板块发展来看，为了突破“行政区经济”弊端，削弱行政区划对资源要素跨区域优化配置的束缚，2005 年，深圳首次在《深圳城市发展策略》中提出同城化的概念，明确要“加强与香港在高端制造业、现代服务业以及其他领域的合作，与香港形成‘同城化’发展态势”④。近年来，基于未来区域竞争的主体已由区域中心城市向经济圈、都市圈转变，广佛、沈抚、厦漳泉、宁镇扬、成德眉资、西咸等同城化研究和推进步伐加快，主要以高速公路、轻轨、地铁通勤范

① 习近平. 推动形成优势互补高质量发展的区域经济布局［J］. 求是，2019（24）：4-9.

② 习近平. 推动形成优势互补高质量发展的区域经济布局［J］. 求是，2019（24）：4-9.

③ 孙久文，苏玺鉴. 探索城市新区管理权所有权分离发展模式［N］. 四川日报，2020-05-25（7）.

④ 深圳市规划局. 深圳 2030 城市发展策略［N］. 深圳特区报，2005-12-07（B5）.

围为半径，充分利用新一代信息通信技术，强化基础设施共建共享先导作用，缩短城市间的时空距离；以协调城市间利益的制度安排和利益机制、更加注重文化认同为保障，构建以建立共识、渠道和激励为基础的同城化治理框架，实现更大范围、更高质量的同城化①。成渝地区双城经济圈是以核心城市向周围辐射所构成的城市集，其核心是建设以重点城市为主体、辐射带动周边城市的区域经济组织模式、区域分工协作体系，是区域一体化为特征的高级演进形态，实现规模效应、集聚效应、辐射效应和联动效应等成效。因此，从推动区域协同发展的机制研究和具体实践来看，成渝地区双城经济圈建设是以基础设施同城同网为条件，以创新体制机制为保障，推动资源要素的跨区域流动和优化配置，实现更大空间范围的产业优势互补、分工协作；以强化技术创新形成产业链竞争力成为提升经济圈整体竞争实力的重要驱动力。

二、培育发展核心城市

习近平总书记指出：要破除资源流动障碍，使市场在资源配置中起决定性作用，促进各类生产要素自由流动并向优势地区集中，提高资源配置效率②。因此，培育发展核心城市首先要完善核心城市和经济圈的市场机制，促进资源要素特别是优质资源要素的自由流动，不断提高核心城市和经济圈的开放性③。其次是大力提高核心城市和经济圈资源要素配置效率和收益，促使更优更多的资源要素向核心城市和经济圈集聚，进而在空间上形成核心城市和经济圈带动全国高质量发展的新动力源。最后，运用好区域协调发展的辩证法。习近平总书记指出：不能简单要求各地区在经济发展上达到同一水平，而是要根据各地区的条件，走合理分工、优化发展的路子。这是区域协调发展的辩证法④。因此，坚持区域协调发展均衡与非均衡、公平与效率的两个统一原则，确保在发展核心城市和经济圈的同时，有效培育和发挥核心城市的带动作用，实现区域整体发展。

三、建立各种行业性的跨城市协调组织

随着专业化分工的不断深化，城市之间的矛盾和冲突显然是不可避免的，

---

① 曹邦英，贺培科，龚勤林. 内陆地区城市群产业链供应链稳定性与竞争力提升研究：以成德眉资同城化为例 [J]. 经济体制改革，2021 (1)：63-69.

② 习近平. 推动形成优势互补高质量发展的区域经济布局 [J]. 求是，2019 (24)：4-9.

③ 杨东方. 发挥中心城市作用促进区域协调发展 [J]. 求知，2020 (12)：49-51.

④ 习近平. 习近平谈治国理政：第 3 卷 [M]. 北京：外文出版社，2020.

各行业之间的协调变得越来越重要①。通过建立各种行业性的协调组织，汇聚信息，互通信息，提供求同存异的平台，提供多方谈判机制，有助于降低城市之间的交易成本，促进跨区域问题的解决，有利于政府权威协调机构制定的协调措施有效实施，对其协调职能进行补充，对其协调职权进行监督②。目前，成渝地区双城经济圈已经建立成渝地区双城经济圈建设工作机制，接下来，可以成立各种行业性的协调组织，主要用来解决跨区域的基础设施建设、环境保护、产业发展等问题，促进政府、企业与民间的合作与交流，从而形成多种多元力量参与、政府组织与非政府组织相结合、体现社会各阶层意志的现代化治理体系。

第三节　国内外经济圈发展协调机制建设

一、发达国家与地区都市圈发展协调机制建设

第二次世界大战以后，伴随着工业化和城市化的高速发展，大城市地域的空间组织形式发生了很大变化，相继出现了以大城市为核心的都市圈③，世界上也崛起了美国东北部的波士华城市群、美国和加拿大的北美五大湖城市群、日本东海道城市群、英国东南部城市群以及欧洲西北部城市群。王鹏、张秀生对城市群的发展因素进行了分析，认为波士华城市群的繁荣得益于 1996 年的结构调整，调整的原则是在全球经济一体化的背景下提高整体区域经济竞争力，协调纽约都市圈与各州县的关系；而科学合理的区域规划与城市规划为英格兰东南部城市群提供了坚实的理论基础与发展导向；欧洲西北部城市群在建设过程中同样有三点值得借鉴：一是通过法律途径冲破了行政区划的束缚，二是第二次世界大战后实施的城区非工业化战略，三是“巴黎大区总体规划”使巴黎大区内各城市和谐发展、协作分工又相互竞争，四是日本东海道城市群发展更多受到政府调控的影响④。沈群凯总结北美五大湖城市群的成功主要有四方面的经验，分别是发展模式方面、制造业方面、区域合作方面和交通方

---

① 陈群元. 城市群协调发展研究［D］. 长春：东北师范大学，2009.

② 城市中国计划. 国家新型城镇化指标体系及若干问题研究［M］. 北京：人民日报出版社，2016.

③ 张晓兰. 东京和纽约都市圈经济发展的比较研究［D］. 长春：吉林大学，2013.

④ 王鹏，张秀生. 国外城市群的发展及其对我国的启示［J］. 国外社会科学，2016（4）：115-122.

面；日本则采用的是依托完善、便利的基础设施，以集约化产业链为格局的发展模式[①]。全球五大城市群的发展历史显示，产业的发展和布局的调整、空间结构的升级、交通网的完善和政府政策的激励等因素对促进城市的形成以及城市群的进一步繁荣有极大的促进作用。

二、长三角城市群协调机制的构建

长三角城市群的协调进程始于 1982 年由原国家经济贸易委员会牵头设立的上海经济区和上海经济区规划办公室。但这一宏大的长三角经济圈构想由于地区经济发展程度相差太大，不在同一条起跑线上，利益分配上存在难以协调的矛盾而无声无息地搁浅了[②]。此后直到 1990 年上海浦东开发，跨区域基础设施建设加速，一些区域协调会议也陆续举办，没有形成具有协调作用和约束机制的实体机构，但市场力量对长三角地区的协调作用日益明显[③]。1997 年以来是长三角协调进程的发展阶段，其重要标志是 1997 年长江三角洲经济协调会第一次会议的召开，以及 2010 年《长江三角洲地区区域规划》获国务院批复。近年来，借助于城际铁路和高速铁路的建设，“长三角”区域内的基础设施进一步完善，长三角区域内的基础设施协同机制基本形成。以上海为中心的“一小时经济圈”基本覆盖整个苏南和浙北地区，“三小时经济圈”已经几乎能全部覆盖整个长三角三省一市，上海与其他三省基础设施之间的合作日益加强。长三角区域内的产业功能布局体制基本形成。上海总部经济集聚，江苏大院名校云集、创新资源丰富、大企业集聚，浙江民营企业活跃、块状经济发达、体制机制灵活，安徽形成苏、浙、沪三地产业转移的广大腹地[④]，因此，长三角地区形成“1+1>2”的效果。长三角区域内的创新协同体制基本形成。

---

① 沈群凯. 国外城市群的经验对环太湖城市群的启示［J］. 湖州职业技术学院学报，2017，15（2）：90-94.

② 谢晓波. 地方政府竞争与区域经济协调发展［D］. 杭州：浙江大学，2006.

③ 陈群元. 城市群协调发展研究［D］. 长春：东北师范大学，2009.

④ 陈艳，皮宗平. 创新券在长三角区域通用通兑的路径研究［J］. 特区经济，2017（11）：35-37.

第四节 成渝地区双城经济圈高质量发展的协调机制设计思路

一、充分发挥市场机制的决定性作用，进一步促进制度创新

生产要素的跨区域自由有序流动是在市场经济条件下促进区域协调发展的关键。要进一步促进制度创新，加快市场经济体制改革，促进生产要素的合理流动，破除限制要素自由流动的各种体制机制障碍，打破城市封锁和垄断，建立统一开放、竞争有序的市场体系，促进资源在各区域间的优化配置①。进一步深化国企改革、财税体制改革、金融体制改革、对外开放等领域的一系列政策措施的实施与突破，促进各类市场主体行为更加活跃，形成区域经济持续快速发展的内在机制②。另外，在新的发展条件下，应注重发挥当地资源禀赋的比较优势，形成要素流进的洼地。为此，应进一步改善交通、能源、电信等基础设施，同时进一步简政放权，提高行政效能，健全市场法律制度，依法保护投资者合法权益，优化区域营商环境③。

二、进一步扩大对外开放，不断为经济圈高质量发展注入新动力

对外开放是我国区域经济协调发展的重要驱动力。成渝地区双城经济圈处在“一带一路”和长江经济带的重要节点，是“一带一路”建设和长江经济带发展的战略纽带与核心腹地，是我国面向中亚、西亚、东南亚等国家和地区的开放前沿，是推动长江经济带协同发展的重要战略支撑。统筹国际国内两大市场、两大资源，强化连接中国—中南半岛经济走廊、中巴经济走廊，支撑东亚、东北亚进入东南亚和南亚次大陆的主要通道作用；内联中西部地区各省市，充分借力广西、云南等南向开放基础，统筹协作，深化南向开放合作。各地市在进一步对外开放过程中，要积极汲取其他国家和地区的有益资源，多领域拓展开放渠道，在“引进来”和“走出去”的过程中，严格把握“有益”

---

① 李传松. 产业转移视角下的区域协调发展机制与对策研究 [D]. 北京：中共中央党校，2018.

② 李坚，马骥. 企业与县域经济协调发展机理与路径分析：以湖南邵东县为例 [J]. 邵阳学院学报（社会科学版），2019，18（6）：37-42.

③ 张艳. 新时代中国特色绿色发展的经济机理、效率评价与路径选择研究 [D]. 西安：西北大学，2018.

标准，充分考虑自身需求，提升对外开放对成渝地区双城经济圈高质量发展的推动作用。首先，应进一步加强川渝两地与周边省市、国家设施联通，将推动基建互联、产业互动、创新共享等形成发展合力，促进产业、人口及各类生产要素合理流动和高效集聚，扩大对外开放空间范围，提升集散枢纽地位，打造立体全面开放格局，在更大范围配置资源、融入国内外现代产业协作和市场提供重要机遇。与此同时，立足国家全局，对标高标准经贸规则进行更高水平、更宽维度的压力测试，以更高标准进行改革试验，参与我国经贸规则、标准等制度设计，进一步完善法律和规则制度，积极推动商品、要素等流动型开放向规则等制度型开放转变，打造内陆开放门户和具有集聚力、辐射力和竞争力的内陆开放型经济高地，建设内联外接、贯通内陆、通江达海的综合物流运输体系，打造平台经济，有效推动国内发展与对外开放融合互动。其次，成渝地区双城经济圈对外开放应坚持“高质量”要求，提高外资引进的门槛，创新对外开放方式，提升开放层次，建立更加对等、更加符合新发展理念的对外开放关系。国际贸易投资疲态尽显，企业订单减少，高端制造业出现回流，将进一步增大企业对外投资的风险，降低国际经贸合作预期，与时俱进地调整对外开放格局，使对外开放与我国的经济社会发展相适应。最后，充分发挥平台的作用，共建“一带一路”。各地市应结合自身发展实际，制定相应的对外开放措施，加强和中东欧地区的合作，利用外部资源解决自身需求，解决成渝地区双城经济圈高质量发展的资金、技术、人才、市场等问题。

三、更加注重经济圈在区域协调发展中的重要作用

未来区域之间的竞争已不再是单个城市的竞争，而是以经济圈和都市圈为基础的区域间的整体竞争。大经济圈的形成及其分工、合作与竞争，将形成多极化、辐射带动力强的区域增长极，主导区域甚至全国经济的发展格局[①]。为此，深入实施成渝地区双城经济圈建设战略，大力推动成都东进与重庆西扩相向发展，高水平规划建设成都东部新区，共同做强成渝发展主轴，破解成渝中部塌陷问题。依托成渝北线、中线和南线综合交通运输通道，推动成都、重庆极核功能沿轴带扩散，带动资阳、遂宁、内江等沿线城市加快发展。强化成都都市圈和重庆都市圈互动，建设川渝自贸试验区协同开放示范区，推动天府新区与两江新区、成都高新区与重庆高新区协同开放，共建西部科学城和西部金

① 杜传忠. 经济新常态下推进我国区域协调发展的路径及对策 [J]. 理论学习，2017 (6)：27-30.

融中心。探索与云南、广西、广东等合作推进境外经贸合作，探索推动建立跨区域城市间产业协作配套、科技协同创新、金融区域协作等机制，继续瞄准长三角、长江中游城市群等地区开展交流合作，加强与上海、舟山、武汉、杭州、苏州等沿海沿江城市、自贸试验区和港口合作，深化和扩大西向北向开放合作，依托成都国际铁路班列，加强与陕西、甘肃、新疆等西北地区的经贸联系，强化风电设备、太阳能光伏、光热产品研发、煤炭、石化、天然气等资源综合利用方面的合作。促进四川与华北、东北在能源、文化旅游、特色农产品等产业的合作。

四、注重利用新一轮产业革命物质、技术成果加快区域经济协调发展

当前由5G、物联网、云计算、人工智能等技术进步推动的新产业革命浪潮成为价值链竞争的核心要素，创新全球化程度显著提高，以制造智能化与服务数字化为基础的创新制造加速融合。新冠肺炎疫情后，我国聚焦于5G、人工智能、工业互联网以及物联网等领域，重点推动信息基础设施、融合基础设施、创新基础设施等“新基建”建设，推动新一代信息技术快速广泛渗透于经济社会各个领域，促进传统产业转型。加快推进以5G为代表的数字化基础设施建设，形成工业互联网、物联网、车联网、人工智能、云计算、高速宽带网络、传统互联网智能化升级。优化和扩展现有国际直达数据专用通道，以广西、云南等为陆上通信网络桥头堡，汇聚相应陆缆边境站，与东南亚、南亚实现互联互通，强化同陕西、湖北等周边省市合作，形成西部国际通信网，促进外向型产业集聚。强化国家级互联网骨干直联点功能和推进城域网出口宽带扩容，加快建设“宽带中国”示范城市，进一步提升成都国际通信能力。争取在蓉设立国际通信出入口局，提供优质优价的国际直达数据专用通道。推进互联网数据中心建设，支持成都打造西部数据中心基地。

第五节　完善成渝地区双城经济圈高质量发展协调机制的建议

一、减少行政壁垒阻力，推动要素双向流动

进一步深化市场改革，推进要素和产品市场一体化，提升经济圈间和经济圈内部各城市产品市场上产品价格与市场形成的比例，推动要素和产品在经济圈间自由、高效流动。

首先，应加强地方政府合作，减少行政分割带来的要素流动障碍。建立利益分享机制，优化省级以下财政体制，以凝聚各方利益最大公约数，明确利益分成比例，彻底扫除各经济圈及城市行政区在市场准入、质量技术标准、行政事业性收费、户籍制度等方面的自我保护倾向①。加大国家对重点经济圈财政投资力度，特别是区域重大基础设施的投资；同时通过高税收杠杆协调推进经济圈内部及经济圈间投资和建设活动。构建完善推动经济圈高质量发展及经济圈间协调发展的竞合行为奖惩机制，进一步引导政府“有形的手”发挥正向作用。

为了成渝地区双城经济圈的高质量发展，除了四川省、重庆市要加强各地市、区县的统筹协调，减少经济政策差异，地方政府间也要在经济、社会、生态等各个领域的有效对接，促使核心城市的资本、技术、人才等经济要素向边缘城市自由流动，同时吸引边缘地市的资源向核心城市流动。如深化土地管理制度改革，探索实行城镇建设用地增加与吸纳农业转移人口落户数量挂钩、与城镇低效用地再开发挂钩的激励约束机制，推行跨行政区域的城乡建设用地增加挂钩②。在核心城市与边缘地市的要素双向流动过程中，有意识地根据地方优势和发展方向调控要素的分配，一方面提高要素使用率和生产效率，特别是边缘地区更需要提升规模效益；另一方面，核心城市要带动边缘地市的技术革新、弥补边缘地市的资本缺口、增加边缘地市高素质劳动力数量，通过优化边缘地市的投入要素质量，提升其经济发展质量③。

其次，核心城市应该以更加主动的姿态给予经济较为落后地区更多的发展机会。减少地方保护，统一市场，构建科学合理的保护措施，给予萌芽企业发展空间的同时，避免过度保护，减少企业向垄断阶段过渡的可能。重庆、成都两个核心城市，绵阳、南充、宜宾、万州等区域次核心城市在利用经济较为落后地区的市场的同时，也要积极向当地扩散先进技术和生产工艺，通过分工合作的方式，整合地区资源，推动较为落后地区经济社会发展。

二、提高成渝地区双城经济圈内部交通通达度

在优化现有交通格局方面，首先要推进交通基础设施均等化。通过成渝地

---

① 蒲丽娟. 武汉城市圈经济一体化研究 [D]. 成都：西南财经大学，2013.

② 林岗，王一鸣，马晓河，等. 中国经济改革与发展研究报告：经济增长新动力选择 [M]. 北京：中国人民大学出版社，2017.

③ 王可苗. 长三角地区新型城镇化动力因素及其空间效应研究 [D]. 兰州：兰州财经大学，2020.

区双城经济圈的跨省、跨城合作，充分发挥核心城市的带动作用，促进基础设施要素向相对落后地区转移，解决成渝地区双城经济圈的技术和资金问题。相对落后地区交通基础设施建设进程，形成成本改善。通过增加经济圈周边交通基础设施的密度，可以缩小核心城市与经济圈周边基础设施的差距。其次要推进交通基础设施网络化。规划经济圈内部铁路、公路环线，增设核心城市和落后地区交通专用线，优化成渝地区内部交通网络结构，比如，在既有国铁线路做公交化改造，加快新新线的规划建设，做强铁路物流港，以航空、水运为辅，多方式加强区域间交通联系。非中心城市要主动融入高铁网络，重视高铁枢纽或中转城市。随着全球化和区域一体化的发展，政治边界不再界定经济。相反，巨型区域已成为全球新的“自然”经济单元，企业和代理商在这里展开竞争，具有代表性的是大东京、波士顿—纽约—华盛顿走廊和芝加哥—匹兹堡巨型区域。在更大的空间尺度上，城市网络可以更好地促进大型区域发挥过去大城市所发挥的作用，将创新、生产和消费市场聚集在一起。巨型区域不仅是城市或大都市区域的一个更大版本，它们还是一个新的“新兴”经济单元，所以在铁路运输方面，应充分利用现有铁路线，增加高铁数量，逐步取消普通快车数量，适当调整票价，满足低收入人群需求，提高旅客运输效率。在道路运输中，严格控制超载、超速、酒驾等行为，降低交通事故发生率，保障道路运输安全，减少交通拥堵。同时，减少高速公路收费站数量，提高收费站效率，适当降低道路使用率，充分考虑各阶层消费者的道路交通需求。

三、提高要素生产率，增强新型城镇化的要素支撑力

一般来说，经济增长动力的研究历史经历了“要素禀赋—要素积累—创新驱动”的阶段。在全国范围内，我国已经进入创新驱动阶段，但对于成渝地区双城经济圈而言，提高创新水平的同时还需要考虑要素积累，即劳动力、资本和土地要素对于经济增长的作用。目前，成渝地区双城经济圈各市均对于吸引人才制定了相应的政策，然而整个地区在全国范围内仍然是劳动力输出地。针对这种现象，本书认为，一方面，吸引和发展有本地优势的劳动力，比如宜宾市可以以发展竹产业为契机，吸引和培养从事竹文化、竹食品和竹加工等的人才；绵阳市可以依托中国工程物理研究院吸引和培养武器研制高端人才。另一方面，各地市应加大教育投入，创新成人教育方式，为外来务工人口提供职业教育机会，全方位提升劳动力素质。

对于资本要素而言，成渝两市资本雄厚，作为区域性的金融中心，汇集了大量的资本。所以关键是成渝地区以外的地市的资本发展，最重要的还是大力

发展经济，提升本地区的资本回报率，吸引资本向本地区流动。同时借鉴发达地区金融市场的建设经验，不断完善本地金融市场，加快本地的资金周转和资本积累。对于土地要素而言，由于成渝地区双城经济圈是城乡融合的示范区，城乡差距明显，所以首先要大力推动城乡土地跨区域盘活利用，建立都市圈土地资源转化交易平台，深化农村宅基地制度改革；其次要加强交界地带土地供应保障能力，积极争取开展土地管理制度改革试点，建立统一的建设用地指标管理机制。

四、建立健全区域协调发展激励机制

建立健全区域协调发展激励机制，推动区域经济包容性增长。区域协调发展的重要前提是处理好各地区间的利益分配问题，为各地区形成发展合力提供有力的激励机制，核心是提供激励协调的成本分担和利益共享机制，推动各地区能够“共享增长”①。第一，完善基本公共服务均等化机制，利用大数据、云计算、人工智能等数字化技术创新公共服务供给模式，使供给主体多元化，建立公共服务评价指标，改善地区间以及城乡间基本公共服务均等化水平。第二，完善区域均衡的财政转移支付制度，基于财力的区域差异，优化均衡性转移支付，在考虑地区支出成本和地区自我发展能力基础上，特别是生态转移支付也应充分考虑，保持人均财政支出差距在适度范围内。第三，强化高质量协调发展保障条件。基于经济圈以空间临近、文化相近等特征，挖掘行为规范、惯例和自我限定的行事准则等的共性，探索形成推动经济圈高质量协调运行的非正式制度体系。建立城市群重点城市间对话协商机制，消除行政区划阻隔，并进一步扩大至经济圈间的协商机制。立足经济圈整体发展目标，科学编制经济圈规划，明确各城市间科学定位及建设思路，实现社会资源的合理配置。第四，完善区域科技创新机制，围绕军民融合和重点产业领域，健全鼓励国家实验室、共性技术研发机构和研究型大学开展基础性研究、原始创新的科研体制。建立适应重大技术攻关和产业链主导企业培育的监测体系，重点从市场协同、管理协同、财务协同等维度出发，相关管理部门联合第三方机构定期进行产业协同效应评估并发布反馈结果，及时监督修正，增强企业在创新链与产业链耦合、协同上连接左中右、畅通上下游的“资源整合者”作用。

---

① 林靖宇，邓睦军，李蔚. 中国区域协调发展的空间政策选择 [J]. 经济问题探索，2020 (8)：11-21.

五、建立和完善公共服务共享平台

通过教育共享平台，不断提升经济圈内各级各类学校的教学能力和水平。在医疗卫生方面深化合作空间，通过协商，确定医疗检验结果在成渝地区互认的医院名单，不断扩大互认范围。推动医保就医在经济圈内实行无障碍异地即时报销。充分发挥人才资源优势，以各高校为依托，加大“政、产、学、研、用”各方合作，发展成都市金融人才培训基地，引进国内外金融人才培训机构，全方位加大力度培养，储备优秀人才资源；积极创造良好人才引进环境，加强舆论宣传，利用和搭建网络平台、海外人才联络机构、海外人才招聘会等各类人才引进平台，在科研活动和项目支持、成果奖励、职称评审、户籍管理、住房医疗、子女教育等方面制定有效的人才引进政策，吸引成都外流人才的“回流”和所需的外省乃至全世界的金融人才特别是高级金融经营管理人才的入驻。此外，应重视优化人才结构，还应积极出台各类专门的人才培养和引进计划，切实提升人才的培养和引进质量。

第八章　加快推进成德眉资同城化建设

成德眉资同城化发展的核心和关键是产业协同发展、集群发展、错位发展，形成优势互补、错位竞争的产业格局。当前，成渝地区双城经济圈的经济核心是成都与重庆两市，其他城市发展受限，但是成都已经与德阳、眉山、资阳展开了成德眉资同城化的探索，为成都市带动周边地区发展提供了良好借鉴。四市在产业协作、交通共享、公共服务一体化方面已有实质性的突破。

第一节　成德眉资同城化的现实基础

成德眉资产业协作空间大。从产业结构看，成德眉资产业互补性较强。2019 年成都三次产业结构为 3.6：30.8：65.6，服务业占主导地位，工业呈现高端化、轻型化；德阳三次产业结构为 10.0：50.7：39.3，工业占主导地位，呈高端化、重型化，而服务业发展相对不足；眉山为 14.4：38.2：47.4，资阳为 18.3：30.6：51.2，农业和服务业发展优势相对明显。按照产业结构划分发展阶段的标准，成都已处于工业化中后期，而德阳、眉山和资阳均处于工业化中期阶段。从产业发展看，成德眉资产业竞合同存。从成德眉资支柱产业的选择来看，成都是全球重要的电子信息产业基地、国家重要的高新技术产业基地，已形成新材料、电子信息、汽车产业、航天航空、食品产业、生物医疗等优势产业集群；德阳是四川省重大装备制造基地，形成了机械、食品、化工、医药、建材五大支柱行业；眉山正加快发展电子信息、新能源新材料、农产品及食品加工等产业；资阳形成了以汽车、医药、食品、轻纺鞋业、轨道交通为主的五大支柱产业。成德眉资四市支柱产业的选择有一定的相似性，存在一定的横向竞争，但也各有侧重，产业协作存在一定空间。从产业协作看，成德眉资产业链协作不断深入。成德协同打造临港经济产业带，共建智能制造和现代物流产业生态圈，以蓉欧班列为依托发展出口型加工制造业。成眉协同打造高新技术产业带，在视高镇合作共建高新技术转化和试验基地。成资协同打造临空经济产业带，完善汽车产业供应链，合作共建农业生产基地。同时，成都还强化与三市对外开放领域衔接，协同建设自贸试验区，积极推广复制成都建设自贸区的经验①。

成德眉资已形成同城通勤的黄金半径。成德眉资四市的区域交通联系强度与经济联系强度实现了高度匹配。德眉资三市与成都形成半小时通勤圈，成都至德眉资每天运行动车分别达 83、58 和 30 列，平均发车间隔分别为 10、16 和 40 分钟，成德眉已实现动车公交化，人流、物流、资金流和信息流畅通。同时，成德眉资实现公共交通“一卡通”，可以互刷天府通卡，共享当地优惠政策，成都与资阳的公共交通还实现了一码互通互惠，是全国首个同时实现一码通乘和跨城一码互惠的区域。

成德眉资推动优质公共资源共建共享。成都优质教育和医疗卫生资源向德眉资三市延伸，在教育方面，成都牵头制定教育同城化实施方案，建立成德眉资职教联盟，向德眉资共享优质网教资源；在医疗卫生方面，成德眉资在省内养老保险待遇领取资格认证、异地社保卡服务、就医即时结算等方面已实现同城化；在养老服务方面，四市签署养老服务同城化协议，在养老机构床位运营补贴、医养结合扶持、行业标准统筹等方面加强合作②。

第二节　成德眉资同城化发展面临的问题与挑战

成德眉资产业竞争力还需进一步提升。与长三角和珠三角地区的核心城市相比，成德眉资产业发展差距还比较大，2019 年成德眉资第二产业增加值比上海、深圳低 3 000 亿元以上，第三产业增加值不足北京、上海的 1/2。与重庆相比，成德眉资农业、工业还有较大发展空间，2019 年成德眉资第一、二产业增加值分别比重庆低 363. 4 亿元和 2 303. 1 亿元。成德眉资在全国具有发展优势的行业主要有农副食品加工业，食品制造业，酒、饮料和精制茶制造业，家具制造业，医药制造业，汽车制造业，铁路、船舶、航空航天和其他运输设备制造业，计算机、通信和其他电子设备制造业等，而重庆在全国具有发

① 成都日报. 聚焦 265 项年度重点任务成德眉资协同发展越来越紧密[EB/OL].(2019-12-02)[2020-12-15].http://scnews.newssc.org/system/20191202/001013990. html.

② 成都日报. 聚焦 265 项年度重点任务成德眉资协同发展越来越紧密[EB/OL].(2019-12-02)[2020-12-15].http://scnews.newssc.org/system/20191202/001013990. html.

展优势的行业有汽车制造业，铁路、船舶、航空航天和其他运输设备制造业，计算机、通信和其他电子设备制造业，其他制造业等。

成德眉资辐射带动力还有待进一步增强。作为成渝地区双城经济圈的一核，2019 年成都经济总量居我国省会城市第 2 位、全国各大城市第 7 位，但成都经济总量不足北京、上海的 1/2，分别比广州、深圳低 6 616 亿元和 9 914. 4 亿元，成都经济总量和经济水平与长三角、京津冀和珠三角地区的核心城市相比仍有较大差距。把成德眉资作为整体来看，成德眉资经济总量比重庆低 2 099. 2亿元，常住人口比重庆少 560. 3 万人，经济总量和人口规模与重庆还有一定差距。与国内其他都市圈相比，成德眉资经济总量比广佛都市圈低 12 873. 0亿元，比南京都市圈（包括南京、镇江和扬州三市）低 2 500. 7 亿元。同时，成德眉资虽对四川其他市州经济辐射作用有所增强，但对川东北经济区、攀西经济区和川西北生态示范区 9 个市州的辐射带动力还比较弱。

成都对德眉资的虹吸效应可能会比较突出。从成德眉资内部来看，德眉资三市与成都市发展水平还存在较大级差。从经济规模看，2019 年成都经济总量达17 012. 7亿元，分别是德阳、眉山和资阳的 7. 3 倍、12. 3 倍和 21. 9 倍，德眉资三市经济总量仅占成德眉资的 20. 9%，第三产业增加值之和仅占 15%，社会消费品零售总额之和仅占 20%，进出口总额之和仅占 3. 2%。从经济水平看，德阳、眉山、资阳三市人均经济总量分别仅相当于成都的 63. 6%、44. 7%和 30%，城镇人均可支配收入相当于成都的 80%左右，农村居民人均可支配收入不足成都的 75%。同城化发展可能会使得德眉资三地资源进一步流向成都。

成德眉资与两中心两地基本定位还有一定差距。对照成渝地区双城经济圈建设要推动成渝地区成为具有全国影响力的重要经济中心、科技创新中心、改革开放新高地、高品质生活宜居地的基本定位，成德眉资各地发展还有较大差距。

从经济方面看，成都经济总量刚超过 1. 7 万亿元，人均经济总量超过 10 万元，地均经济总量为 1. 2 亿元/平方千米，作为都市圈的核心城市还有较大发展空间；而德阳、眉山、资阳经济总量分别为 2 335. 9 亿元、1 380. 2 亿元和 777. 8 亿元，居全省第 4、12 和 17 位，人均经济总量分别为 65 745 元、46 168 元和 31 019 元，居全省第 3、10 和 20 位，经济实力还有待进一步提高。

从科技创新方面看，2018 年成都 R&D 经费投入 392. 3 亿元，占全省的 53. 2%，但 R&D 经费投入强度仅为 2. 56%，低于绵阳和德阳，R&D 经费投入和 R&D 经费投入强度均低于北京、上海、广州、深圳等发达地区。科技部和中国科学技术信息研究所发布《国家创新型城市创新能力监测报告 2019》，成都创新能力居全国第 13 位、西部地区第 2 位，与长三角、珠三角地区核心城市相比差距还比较大。眉山和资阳 R&D 经费投入分别为 5.1 亿元和 1.9 亿元，R&D 经费投入强度仅 0.41%和 0.18%，科技创新能力亟待提高。

成德眉资同城化还存在一定机制体制制约。行政体制机制在一定程度上影响区域经济协同发展，成都在产业带动力、创新辐射力、资源集聚力等方面还有很大提升空间，德眉资三市还处于加快发展阶段，行政壁垒、市场分割在一定程度上影响资源的跨区域流动，各地基于自身发展需求，忽视了协同意识和集聚优势，支撑区域创新体系建设的财政资金无法实现跨区域自由流动，影响创新主体参与协同创新的积极性和创新资源共建共享；可能改变或扭曲资源和产业的空间配置布局导向，不利于产业链协同，导致各地缺乏分工协作，产业集群效应未充分显现。

第三节　成德眉资同城化的目标——打造成渝地区双城经济圈高质量发展的增长极

未来，成德眉资四市将以中国西部（成都）科学城建设为核心，强化创新资源集聚转化功能，深入推进全面创新改革试验，做强产业链条，做优产业集群，共建主导产业明确、错位分工协同、优势产业互补的区域现代化产业体系，不断提升都市圈在国际产业分工中的地位，打造引领西部高质量发展的强劲极核。

一、打造区域创新共同体

"有益"是创新的价值导向，"探索"是创新的途径和方式①，创新是高质量发展的动力，科技创新又可以称作创新的首要动力，所以要打造高质量发展的增长极，首先就是要培育动力，即提高地区科技创新水平。成德眉资四市中，成都自身有多所高校院所，德眉资三市也有拥有顶尖技术的实验室平台，这已经给科技创新奠定了基础，如果四个城市的科技创新资源可以实现相互合作、集聚，甚至发展成为一条科技创新链条，那必将促使四市的科技创新水平得以发展，从而带动成德眉资甚至整个成渝地区双城经济圈的发展。

---

① 关成华. 科学认识创新本质，助推创新型城市建设［J］. 人民论坛·学术前沿，2021（13）：106-113.

其次，要打造区域创新共同体，其首要条件就是基础设施的建设。目前，已规划的重大科技基础设施包括四川大学转化医学设施、中科院光电所柔性基底微纳结构成像系统研究装置、中科院光电所跨尺度矢量光场时空调控装置、西南交大多太耦合轨道交通动模试验平台、中科院高能所宇宙线物理研究与探测技术研发平台、成都超算中心等平台。这些平台计划将强强联合，协同提升创新驱动发展水平，并且前瞻性布局重大科技基础设施集群。

再次，作为重要的科技创新平台和载体，科创园区的建设十分重要。中国西部（成都）科学城将按照“一城多园”与重庆共建中国西部科学城模式，优化中国西部（成都）科学城“一核四区”功能布局。推动成都超算中心进入国家超算中心体系，加快推动天府实验室、军民融合创新中心等重大创新平台建设，积极引聚国家重点实验室、工程（技术）研究中心、产业（技术/制造业）创新中心等高层次科创平台，面向国家战略和区域产业发展需求推动研发创新，提升策源能力。

最后，科研人员是创新的主体，必须从各方面保障他们的生活工作，让他们没有后顾之忧地参与和投入可续创造。最重要的是深化赋予科技人员职务科技成果所有权或长期使用权改革，健全科技人员绩效工资分配机制，进一步破除“官本位”、行政化的传统思维，不能简单套用行政管理的办法对待科研工作，不能像管行政干部那样管科研人才。

二、推动产教深度融合发展

四川和重庆的公共服务质量满意度在全国排名比较靠前，然而从公共教育的角度来看，不管是民众所享有的绝对数量还是人均数量，成渝地区双城经济圈都处于低值①。所以要打造高质量的增长极，提高教育水平是重要手段和途径。教育水平的提升不仅体现在教育质量上，还要体现在教育成果的转化上，这也是实现高质量发展，打造增长极的核心途径之一。

首先，积极引进国内外知名高校、科研院所共建高水平研究型大学、特色学院和新型研发机构、创新型企业，通过引进的手段带动成德眉资四市教育质量的提高。其次，利用成都市在会展、体育项目方面的现有基础设施，承办“一带一路”科技交流大会，深化国际科技交流合作，促进国际科技成果转移转化，加强教育成果转化的实现。最后，共建科技成果转移转化示范区，协同

① 汪凡，等. 中国基础教育公共服务均等化空间格局及其影响因素［J］. 地理研究. 2019，38（2）：285-296.

建设区域统一技术交易市场、产业协同创新发展联盟和大型试验仪器设备共享平台，促进创新要素合理流动高效配置。协同开展双创工作，加强科研机构和企业、政府之间的合作，从而形成官产研合作体系（见图 8-1）。政府要在政策和经费上对科研机构和企业的发展给予支持和引导；科研机构要向政府反馈制度创新成果，帮助政府形成现代化治理体系，同时还要及时将科研创新成果提供给企业；企业要从市场角度入手，向科研机构反馈市场的需求并提供人才培养方面的支持，同时还要向政府提供信息反馈。

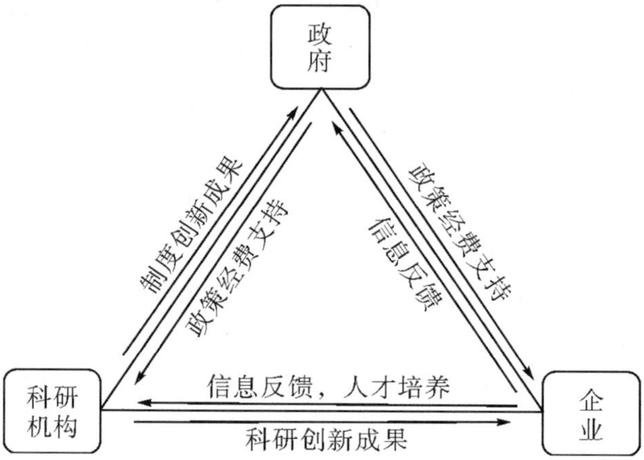

图 8-1　成渝地区双城经济圈官产研合作体系

三、共建制造业生态圈

制造业作为支柱产业，对许多行业都有拉动作用，同时也是成德眉资四市的优势产业。四市通过共建成都东部新区打造制造业的集聚区，发展制造业现代产业，推动制造业的高质量发展，从而带领整个地区实现高质量发展。

突出打造龙泉山东侧现代产业带，共促制造业高质量发展，合力打造世界级先进制造业集群。四市将共同编制跨区域产业生态圈建设行动计划，推动组建一批产业生态圈建设联盟，强化优势互补和产业链、创新链、供应链、价值链协作，共同形成万亿级电子信息、装备制造产业集群，以及千亿级生物医药、航空航天、新材料、新能源、食品饮料产业生态圈。

此外，还将探索以“轻资产”模式为主导，向德阳、眉山和资阳园区输出成都品牌园区管理经验、运营模式、招商资源等。鼓励成德眉资四市按市场化运作原则，开展多种形式的园区共建，支持共建园区互派科技和运营人员。同时，设立园区协同发展专项基金，通过市场化运作，支持园区共建发展。

四、文化旅游融合发展

文化和旅游建设作为精神文明建设的重要内容，自然也成为高质量发展中共享理念的体现。成都本身是全国重要的文创中心，并且正在建设国际消费核心城市，所以作为精神文明建设的重要载体，要加快服务业内容、业态和商业模式创新，提升现代服务业发展水平。

成德眉资地区本身拥有丰富的文化旅游资源，具备实现文化旅游融合发展的优势基础（见表 8-1）。依托四市旅游文化景点，加大对古蜀文化、三国文化、东坡文化等传统文化和陈毅故里、戚继光故里等红色文化的宣传与推广。共建武侯祠—三星堆—三苏祠等巴蜀特色旅游文化走廊。推动周边城市特色景区（点）打造跨市域精品旅游环线。加快推进三星堆和金沙遗址联合申遗，建设三星堆国家文物保护利用示范区。深化成德眉资竹编非遗项目合作发展，推动竹编文化申报世界非遗项目，加强对资源的保护与利用。

表 8-1　成德眉资主要景点与旅游文化一览

城市	旅游景点	文化
成都	武侯祠、青城山、西岭雪山、天台山、天府冰雪小镇、白马关	三国文化、红色文化
德阳	三星堆、绵竹年画村、孔庙	古蜀文化、儒家文化
眉山	三苏祠、四川天府新区乐高乐园、彭祖山风景区、江口沉银博物馆	东坡文化
资阳	安岳石刻、乐至五彩林乡、柠檬小镇、陈毅故里	红色文化、佛教文化

文创产品的打造也有利于促进第三产业发展，提供更多就业岗位，丰富市民精神世界。将成都游戏、动漫、新媒体等创新经济发展优势与区域文化相结合，培育具有地域民族文化特色的文创品牌。依托天府国际机场和双流国际机场打造平台经济，通过离境购物免税、提高离境免税限额等政策叠加效应，联合打造具有游客集散、文化娱乐、观光体验等功能的国际精品旅游中心，释放更多消费潜力。持续推动会展业与地方优势产业深度融合，打造更多具有国际影响力的特色会展品牌。

第九章　结论与展望

本书以成渝地区双城经济圈为研究对象，在梳理现有研究资料的基础上，从经济圈高质量发展的内涵出发，明确成渝地区双城经济圈高质量发展的目标，进而从产业集聚、空间优化和体制机制建设三方面归纳出成渝地区双城经济圈产业高质量发展、空间高质量发展与协调机制建设的实现路径。

本书得出如下主要结论：第一，高质量发展是对传统经济发展模式的完善和升华。成渝地区双城经济圈高质量发展要遵循客观经济发展规律，以产业集聚、空间优化、环境友好、协调发展为基本理念，以要素支撑、政府调控、对外开放为主要动力，兼顾人口、经济、社会、生态各个方面。第二，基于产业集聚理论和现状，成渝地区双城经济圈应该充分巩固产业集群，在政府主导下大力发展创新驱动和智能制造产业集群，发展轨道交通等重点产业。第三，成渝地区双城经济圈内部差距较大。成渝地区核心城市的经济发展水平和人口集聚水平较高。从经济圈规模等级体系来看，成渝地区尚未形成合理的规模等级体系。第四，在增强核心地区的空间带动作用方面，应该提高成渝地区双城经济圈内部交通通达度，增强城镇协调发展能力；减少行政壁垒阻力，推动要素双向流动。各城市应提高要素生产率，增强高质量发展的要素支撑力；建立健全区域协调发展激励机制，优化政府宏观调控，建立和完善公共服务共享平台，加大“政、产、学、研、用”各方合作。第五，成德眉资同城化依靠打造创新共同体、产教融合、制造业生态圈、文旅融合成为成渝地区双城经济圈的增长极。

本书对经济圈及城市群的相关研究进行了理论梳理、总结，为推动成渝地区双城经济圈高质量发展理论的不断完善打下了基础。本书综合考虑了成渝地区双城经济圈产业集聚、空间优化对经济圈高质量发展的影响。

本书的研究深度有限，今后可继续从以下几个方面进行探索：第一，川渝地区的发展有着许多特殊性，比如后发地区或者内陆地区经济圈和都市圈发展路径，所以成渝地区双城经济圈的发展会丰富城市经济学理论，为实践提供更多的理论支撑。第二，高质量发展已成经济圈发展的必然要求，但如何量化经济圈高质量发展并未出现一致的看法，构建科学合理的评价体系是今后的努力方向。第三，如何将成渝地区双城经济圈建设成为具有全国影响力的重要经济中心、科技创新中心、改革开放新高地、高品质生活宜居地将是理论和实践的重点。第四，基于县域统计的数据仍然有限，不同统计指标的差异增加了研究难度，通过更为微观的成渝地区数据进行深入研究也是今后探索的方向。

参考文献

薄文广，2007. 外部性与产业增长：来自中国省级面板数据的研究［J］. 中国工业经济（1）：37-44.

本刊编辑部，2020. 创新长三角：科技支撑区域一体化战略［J］. 杭州科技（2）：2-6.

蔡静，张志强，熊永兰，2020. 成渝地区双城经济圈培育世界级高端装备制造产业集群研究［J］. 中国西部（6）：14-20.

蔡玉梅，［2014-06-10］［2020-12-10］. 韩国首都圈区域规划的特点与启示[OL/S].http://blog.sina.com.cn/s/blog_4a6d40030102ewld.html.

曹邦英，贺培科，龚勤林，2021. 内陆地区城市群产业链供应链稳定性与竞争力提升研究：以成德眉资同城化为例［J］. 经济体制改革（1）：63-69.

成都日报，（2019-12-02）［2020-12-15］. 聚焦 265 项年度重点任务成德眉资协同发展越来越紧密［EB/OL］. http：//www. scpublic. cn/news/wx/detail？ newsid=230396.

陈雁云，2011. 产业发展、城市集聚耦合与经济增长的关联度［J］. 改革（4）：69-75.

陈洪玮，赵乔，2016. "中国—中亚"产业集群与国际产业链协同机制研究［J］. 学术论坛，39（9）：63-66.

陈华，2016. 洛杉矶经济转型对深圳市属国有经济的启示［J］. 特区实践与理论（1）：103-106.

陈建军，陈怀锦，黄洁，2019. 以协同治理引领推动大都市群协调发展［J］. 国家治理（1）：34-38.

陈建军，郑广建，刘月，2014. 高速铁路对长江三角洲空间联系格局演化的影响［J］. 经济地理，34（8）：54-67.

陈柳钦，2007. 城市功能优化的路径选择：基于产业集群的视角［J］. 郑州航空工业管理学院学报（6）：39-44.

重庆市经济和信息化委员会，2019-05-21. 加快建设国家先进制造业重镇［N］. 中国电子报（3）.

陈群元，2009. 城市群协调发展研究［D］. 长春：东北师范大学.

陈剩勇，马斌，2004. 区域间政府合作：区域经济一体化的路径选择［J］. 政治学研究（1）：24-34.

陈伟，常黎丽，彭翀，2016. 基于网络化发展的长株潭城市群空间格局及优化策略［J］. 经济地理（2）：74-79.

陈修颖，2003. 区域空间结构重组：理论基础、动力机制及其实现［J］. 经济地理（7）：445-450.

陈秀山，杨艳，2010. 区域协调发展：回顾与展望［J］. 西南民族大学学报（人文社科版），31（1）：70-74.

陈旭，张亮，张硕，2021. 多中心空间发展模式与雾霾污染：基于中国城市数据的经验研究［J］. 重庆大学学报（社会科学版），27（5）：30-44.

陈彦光，姜世国，2017. 城市集聚体、城市群和城镇体系［J］. 城市发展研究，24（12）：8-15.

陈艳，皮宗平，2017. 创新券在长三角区域通用通兑的路径研究［J］. 特区经济（11）：35-37.

成都市人民政府办公厅，2019. 关于促进装备制造产业高质量发展的实施意见［J］. 成都市人民政府公报（11）：4-9.

城市中国计划，2016. 国家新型城镇化指标体系及若干问题研究［M］. 北京：人民日报出版社.

池绍杰，2019. 京津冀集聚效应对其县域经济增长的影响［D］. 北京：北京工业大学.

戴宾，2004. 城市群及其相关概念辨析［J］. 财经科学（6）：101-103.

第一财经，（2020-12-10）［2021-11-19］. 川渝十四五规划建议发布，今后5年成渝双城经济圈这么干［EB/OL］. https://baijiahao.baidu.com/s? id=1685701114049864772&wfr=spider&for=pc.

邓仲良，张可云，2020. 中国经济增长的空间分异为何存在：一个空间经济学的解释［J］. 经济研究，55（4）：20-36.

丁俊，王开泳，2016. 珠江三角洲城市群工业生产空间格局、形态特征及影响因素［J］. 地理科学进展，35（5）：610-621.

丁如曦，刘梅，李东坤，2020. 多核心城市网络的区域经济协调发展驱动效应：以长江经济带为例［J］. 统计研究，37（11）：93-105.

丁睿，顾朝林，庞海峰，等，2006. 2020 年中国城市等级规模构预测［J］. 经济地理（S1）：215-218.

董斌，2006. 长江三角洲地区城市体系的结构研究［J］. 现代经济探讨（4）：79-83.

杜传忠，2017. 经济新常态下推进我国区域协调发展的路径及对策［J］. 理论学习（6）：27-30.

杜娟，2007. 成渝双核型空间结构及竞合关系研究［D］. 成都：西南交通大学.

范剑勇，谢强强，2010. 地区间产业分布的本地市场效应及其对区域协调发展的启示［J］. 经济研究，45（4）：107-133.

范欣，宋冬林，赵新宇，2017. 基础设施建设打破了国内市场分割吗?［J］. 经济研究（2）：22-36.

方创琳，2009. 城市群空间范围识别标准的研究进展与基本判断［J］. 城市规划学刊（4）：1-6.

冯奎，2020-07-06. 优化中心城市和城市群治理 促进西部大开发形成新格局［N］. 中国城市报（14）.

付毅，2012. 2012 年成都经济展望［M］. 成都：四川科学技术出版社.

广东省政府，（2014-06-10）［2020-12-05］. 珠江三角洲地区改革发展规划纲要（2008—2020）［EB/OL］. http://www.scio.gov.cn/xwfbh/xwbfbh/wqfbh/2014/20140610/xgzc31037/Document/1372733/1372733_2. htm.

高国力，2013-02-01. 我国城市群建设的战略构想［N］. 经济日报（15）.

葛海鹰，丁永健，兆文军，2004. 产业集群培育与城市功能优化［J］. 大连理工大学学报（社会科学版）（4）：36-40.

工业和信息化部，（2017-11-11）［2020-10-11］. 关于印发《高端智能再制造行动计划（2018—2020 年）》的通知［EB/OL］. http://www.gov.cn/xinwen/2017-11/11/content-5238913. htm.

关成华，2021. 科学认识创新本质，助推创新型城市建设［J］. 人民论坛·学术前沿（13）：106-113.

韩欢，2020. 都市圈到城市群：区域一体化的演进路径：基于长江三角洲区域的研究［J］. 改革与战略，36（8）：103-110.

霍华德，2000. 明日的田园城市［M］. 金经元，译. 北京：商务印书馆.

霍尔，2009. 多中心大都市：西欧巨型城市区透视［J］. 钱雯，译. 城市与区域规划研究（3）：1-17.

何骏，2008. 以城市群战略带动长三角区域的联动发展［J］. 上海企业（7）：15-17.

何雄浪，张海燕，2002. 区域经济协调发展的关键：产业结构的调整与互动［J］. 北京工业大学学报（社会科学版）（3）：22-28.

侯天琛，2006. 中原城市群空间一体化的形成机制和发展布局［D］. 开封：河南大学.

黄群慧，倪红福，2020. 基于价值链理论的产业基础能力与产业链水平提升研究［J］. 经济体制改革（5）：11-21.

黄妍妮，高波，魏守华，2016. 中国城市群空间结构分布与演变特征［J］. 经济学家（9）：50-58.

季书涵，朱英明，张鑫，2016. 产业集聚对资源错配的改善效果研究［J］. 中国工业经济（6）：73-90.

江章学，2016. 产业集聚与城市经济圈的互动关系分析：基于新经济地理学的视角［J］. 商业经济研究，4（16）：201-203.

蒋竹媛，2021. 基于数字经济的成渝经济圈的现代产业体系建设［J］. 商业经济（4）：39-40.

姜爱林，2002. 中国城镇化发展的历史变迁［J］. 重庆行政（3）：67-69.

景娟，钱云，黄哲姣，2011. 欧洲一体化的空间规划：发展历程及其对我国的借鉴［J］. 城市发展研究（6）：1-6.

柯敏，林锋，2020. 提升长三角一体化中的杭州站位，建设更智慧更聪明的数字城市［J］. 杭州（22）：46-47.

李传松，2018. 产业转移视角下的区域协调发展机制与对策研究［D］. 北京：中共中央党校.

李国平，2019. 着力打造长三角多中心网络化空间结构［J］. 人民论坛·学术前沿（4）：20-26.

李国平，2004. 首都圈：结构、分工与营建战略［M］. 北京：中国城市出版社：33-55.

李洪涛，王丽丽，2020. 城市群发展规划对要素流动与高效集聚的影响研究［J］. 经济学家（12）：52-61.

李后强，秦勇，2011. 建设内陆开放高地突破成渝“椭圆困境”［J］. 西南石油大学学报（社会科学版），13（3）：72-73，3.

李坚，马骥，2019. 企业与县域经济协调发展机理与路径分析：以湖南邵东县为例［J］. 邵阳学院学报（社会科学版），18（6）：37-42.

李美琦，2018. 中国三大城市群空间结构演变研究［D］. 长春：吉林大学.

李实，2003. 中国个人收入分配研究回顾与展望［J］. 经济学季刊，2（2）：379-404.

李世泰，王淑婧，张丽，2009. 渤海跨海通道与山东半岛城市群空间结构［J］. 城市问题（8）：40-44.

李响，严广乐，2012. 长三角城市群网络化结构特征研究及实证分析［J］. 华东经济管理（1）：42-46.

李晓莉，2008. 大珠三角城市群空间结构的演变［J］. 城市规划学刊（2）：49-52.

李依浓，2007. 交通引导下的城市群空间组织研究：以辽中南城市群为例［D］. 长春：东北师范大学.

李玉臻，2011. 重庆磁器口古镇旅游空间布局研究：基于“点—轴系统”理论视角［J］. 中外企业家（6）：40-43.

梁琦，2009. 分工、集聚与增长［M］. 北京：商务印书馆.

梁现瑞，2011-03-03. 川渝合作进行时　十四载梦终成真［N］. 四川日报（6）.

廖海燕，2013. 我国发达地区新型城市化评价指标体系研究：以广东省为例［J］. 湖南社会科学（4）：162-165.

廖雪梅，2011-05-06.《成渝经济区区域规划》获国务院批复［N］. 重庆日报（A01）.

林伯强，杜克锐，2013. 要素市场扭曲对能源效率的影响［J］. 经济研究，48（9）：125-136.

林靖宇，邓睦军，李蔚，2020. 中国区域协调发展的空间政策选择［J］. 经济问题探索（8）：11-21.

刘鹤，2020-11-25. 加快构建以国内大循环为主体、国内国际双循环相互促进的新发展格局［N］. 人民日报（6）.

刘慧，樊杰，李扬，2013. “美国2050”空间战略规划及启示［J］. 地理研究（1）：90-98.

刘静玉，王发曾，2005. 我国城市群经济整合的理论与实践［J］. 城市发展研究（4）：15-19，10.

刘凯，吴怡，王晓瑜，等，2020. 中国城市群空间结构对大气污染的影响［J］. 中国人口·资源与环境，30（10），28-35.

刘浏，2010-12-20. 成渝经济区初步拟定五大战略定位［N］. 成都日报（1）.

刘茂松，2010. 基于长株潭城市群增长极的洞庭湖腹地经济发展战略思考：创建国家级洞庭湖中国特色农业现代化示范区的建议［C］//湖南省洞庭湖区域经济社会发展研究会. 洞庭湖发展论坛资料汇编. 岳阳：湖南省洞庭湖区域经济社会发展研究会：11.

刘生龙，胡鞍钢，2011. 交通基础设施与中国区域经济一体化［J］. 经济研究，46（3）：72-82.

刘胜，顾乃华，李文秀，等，2019. 城市群空间功能分工与制造业企业成长：兼议城市群高质量发展的政策红利［J］. 产业经济研究（3）：52-62.

刘师言，2014. 美国西雅图："花园城市"谱新章［J］. 重庆与世界（9）：76-79.

刘士林，2015. 关于我国城市群规划建设的若干重要问题［J］. 江苏社会科学（5）：30-38.

刘书瀚，于化龙，2020. 城市群生产性服务业集聚对经济增长的空间溢出效应：基于长三角、珠三角和京津冀城市群的比较分析［J］. 预测，39（4）：83-89.

刘艳艳，2013. 洛杉矶工业产业升级的主要经验及启示［J］. 世界地理研究，22（4）：54-62.

刘云中，刘嘉杰，2020. 中国重要都市圈的发展特征研究［J］. 区域经济评论（4）：82-88.

卢为民，2015-02-10. 上海工业用地实行弹性年期出让［N］. 中国国土资源报.

陆大道，1995. 区域发展及其空间结构［M］. 北京：科学出版社.

陆军，毛文峰，2020. 城市网络外部性的崛起：区域经济高质量一体化发展的新机制［J］. 经济学家（12），62-70.

陆铭，2020. 城乡区域发展潜藏制度红利［J］. 财新周刊（34）：9.

罗洪群，肖丹，2008. 产业集聚支撑的川渝城市群发展研究［J］. 软科学，22（12）：102-105.

刘志彪，2019. 产业链现代化的产业经济学分析［J］. 经济学家（12）：5-13.

马燕坤，肖金成，2020. 都市区、都市圈与城市群的概念界定及其比较分析［J］. 经济与管理，34（1）：18-26.

马歇尔，2017. 经济学原理［M］. 志英，译. 北京：中华工商联合出版社.

苗洪亮，2017. 我国城市群空间结构、内部联系对其经济效率的影响研究［D］. 北京：中央财经大学.

年福华，姚士谋，陈振光，2002. 试论城市群区域内的网络化组织［J］.

地理科学，22（5）：568-573.

欧海若，鲍海君，2002. 韩国四次国土规划的变迁、评价及其启示［J］. 中国特地科学（4）：39-43.

庞德良，唐艺彬，2012. 纽约都市圈的城市空间结构功能及其演化动力因素［J］. 社会科学战线（7）：252-254.

庞娟，2000. 产业转移与区域经济协调发展［J］. 理论与改革（3）：81-82.

蒲丽娟，2013. 武汉城市圈经济一体化研究［D］. 成都：西南财经大学.

仇保兴，1999. 发展小企业集群要避免的陷阱：过度竞争所致的“柠檬市场”［J］. 北京大学学报（哲学社会科学版）（1）：25-29.

乔彬，李国平，2006. 城市群形成的产业机理［J］. 经济管理（22）：78-83.

覃成林，桑曼乘，2015. 城市网络与城市经济增长［J］. 学习与实践（4）：5-11.

秦蒙，刘修岩，仝怡婷，等，2016. 蔓延的城市空间是否加重了雾霾污染：来自中国 PM2.5 数据的经验分析［J］. 财贸经济，37（11）：146-160.

秦尊文，2018. 长江经济带城市群战略研究［M］. 上海：人民出版社.

沈群凯，2017. 国外城市群的经验对环太湖城市群的启示［J］. 湖州职业技术学院学报，15（2）：90-94.

盛丹，张国峰，2019. 两控区环境管制与企业全要素生产率增长［J］. 管理世界，35（2）：24-42，198.

盛广耀，2020. 黄河流域城市群高质量发展的基本逻辑与推进策略［J］. 中州学刊（7）：21-27.

石崧，2004. 城市空间结构演变的动力机制分析［J］. 城市规划汇刊（1）：50-52，96.

宋冬林，姚常成，2018. 经济区发展规划的实施促进了城市群的包容性增长吗：来自我国六大国家级城市群的经验证据［J］. 求是学刊，45（2）：27-38，173.

孙继平，侯兰功，2020. 基于腾讯人口迁徙数据的成渝城市群网络结构特征研究［J］. 现代城市研究（9）：78-85.

宋家泰，2009. 城市—区域与城市区域调查研究：城市发展的区域经济基础调查研究［J］. 城市与区域规划研究，2（3）：185-196.

苏红键，赵坚，2011. 经济圈制造业增长的空间结构效应：基于长三角经济圈的数据［J］. 中国工业经济（8）：36-46.

苏雪串，2004. 城市化进程中的要素集聚、产业集群和城市群发展［J］.

中央财经大学学报（1）：49-52.

孙久文，苏玺鉴，2020-05-25. 探索城市新区管理权所有权分离发展模式［N］. 四川日报（7）.

孙久文，2014. 中国区域经济发展报告2014：中国区域经济发展趋势与城镇化进程中的问题/中国人民大学研究报告系列［M］. 北京：中国人民大学出版社.

锁利铭，2019. 区域治理体系与治理能力现代化的重大时代意义［J］. 国家治理（1）：9-15.

谭文波，2011. 资源基础型城市群创新体系构建动力及模式研究［D］. 北京：中国矿业大学（北京）.

谭啸，2012. 中国城市群发展的区域比较分析［D］. 沈阳：辽宁大学.

唐铁球，2015. 中国高端装备制造产业分布特征与发展趋势［J］. 求索（12）：10-14.

藤田昌久，克鲁格曼，维纳布尔斯，2011. 空间经济学：城市、区域与国际贸易［M］. 梁琦，译. 北京：中国人民大学出版社.

童中贤，曾群华，2016. 长江中游城市群空间整合进路研究［J］. 城市发展研究，23（1）：49-57.

汪凡，等. 2019. 中国基础教育公共服务均等化空间格局及其影响因素［J］. 地理研究，38（2）：285-296.

王缉慈，2001. 集群战略的公共政策及其对中国的意义［J］. 中外科技信息（11）：3-6.

王立新，2007. 洛杉矶产业转型对深圳建设国际化城市的启示［J］. 开放导报（6）：57-65，69.

王立勇，吕政，2021. 制造业集聚与生产效率：新证据与新机制［J］. 经济科学（2）：59-71.

王伶雅，2015-10-14. 坐城际铁路　成都1小时到重庆［N］. 成都日报（8）.

王鹏，张秀生，2016. 国外城市群的发展及其对我国的启示［J］. 国外社会科学（4）：115-122.

王萍，2016. 洛杉矶创业创新经验借鉴［J］. 特区实践与理论（1）：112-114.

王青，金春，2018. 中国城市群经济发展水平不平衡的定量测度［J］. 数量经济技术经济研究，35（11）：77-94.

王振，2018-05-29. 聚长三角之力，协同推进科创中心建设［N］. 文汇报(5).

王琢卓，韩峰，2012. 湖南省生产性服务业集聚对经济增长的影响［J］. 中国科技论坛（6）：84-89.

韦亚平，赵民，2006. 都市区空间结构与绩效：多中心网络结构的解释与应用分析［J］. 城市规划（4）：9-16.

魏后凯，2003. 对产业集群与竞争力关系的考察［J］. 经济管理（3）：4-12.

魏守华，汤丹宁，孙修远，2015. 本地经济结构、外部空间溢出与制造业增长：以长三角为例［J］. 产业经济研究（1）：71-83.

吴福象，等，2013. 新型城镇化、基础设施空间溢出与地区产业结构升级：基于长三角城市群16个核心城市的实证分析［J］. 财经科学（7）：89-99.

肖金成，汪阳红，欧阳慧，等，2016. 成渝城市群的战略定位与规划目标［J］. 中国发展观察（13）：53-56.

习近平，2019. 推动形成优势互补高质量发展的区域经济布局［J］. 求是（24）：4-9.

习近平，2020. 习近平谈治国理政：第3卷［M］. 北京：外文出版社.

夏文斌，2016. 区域公平的当代建构　以新疆为例［M］. 北京：中国社会科学出版社.

项文彪，陈雁云，2017. 产业集群、城市群与经济增长：以中部地区城市群为例［J］. 当代财经（4）：109-115.

肖金成，汪阳红，张燕，2019. 成渝城市群空间布局与产业发展研究［J］. 全球化（8）：30-48，134.

谢晓波，2006. 地方政府竞争与区域经济协调发展［D］. 杭州：浙江大学.

谢雄军，何红渠，2014. 基于空间面板计量的产业集聚与省域经济增长关系研究［J］. 财经理论与实践（3）：116-122.

谢永琴，武小英，沈蕾，2021. 粤港澳大湾区城市群多中心网络化空间发展研究［J］. 河北经贸大学学报，42（5）：92-100.

徐冰，（2019-03-01）［2020-09-21］. “都市圈”时代来临，它与“城市群”有啥不一样？［EB/OL］. https://baijiahao. baidu. com/s? id = 1626753667277212449&wfr = spider&for = pc.

徐现祥，李郇，2005. 市场一体化与区域协调发展［J］. 经济研究（12）：57-67.

薛普文，1988. 区域经济成长与区域结构的演变［J］. 地理科学（4）：379-384.

佚名，2011. 成渝经济区：合则两利，争则两伤［J］. 领导决策信息

(2)：19.

佚名，2019. 成都发布关于促进装备制造产业高质量发展的实施意见［J］. 产城（11）：16.

佚名，2020. 成渝联手打造内陆改革开放高地［J］. 产城（10）：12-15.

佚名，2015-12-07. 深圳2030城市发展策略［N］. 深圳特区报（B5）.

佚名，2020. 四川成都鼓励建设光伏储能一体化电站、推进氢燃料电池关键技术攻关［J］. 能源与环境（2）：111.

于洪俊，宁越敏，1983. 城市地理概论［M］. 合肥：安徽科学出版社：314-324.

颜文涛，萧敬豪，胡海，等. 城市空间结构的环境绩效：进展与思考［J］. 城市规划学刊，2012（5）：50-59.

杨继军，刘依凡，陈旭，等，2021. 城市群空间功能分工、规模功能借用与企业出口增加值［J］. 经济科学（5）：68-83.

杨骞，方译翎，曹麒麟，2020. 推动成渝地区双城经济圈建设的战略逻辑、动力及建议［J］. 决策咨询（5）：12-16.

姚常成，2019. 多中心空间结构视角下新时代中国城市群的协调发展研究［D］. 长春：吉林大学.

姚士谋，陈振光，朱英明，2006. 中国城市群［M］. 2版. 合肥：中国科学技术大学出版社.

叶健德，2011. 洛杉矶经验：转变深圳经济发展方式的借鉴［J］. 特区实践与理论（2）：36-39.

叶玉瑶，2006. 城市群空间演化动力机制初探：以珠江三角洲城市群为例［J］. 城市规划，30（1）：61-66，87.

阴俊，2018. 辽中城市群空间结构从多中心化向单中心化“逆发展”的机理研究［D］. 长春：吉林大学.

袁朱，2014. 川渝城市群发展趋势研究［J］. 经济研究参考（26）：50-60.

姚作林，涂建军，牛慧敏，等，2017. 成渝经济区城市群空间结构要素特征分析［J］. 经济地理，37（1）：82-89.

岳隽，王仰麟，李正国，等，2006. 河流水质时空变化及其受土地利用影响的研究：以深圳市主要河流为例［J］. 水科学进展（3）：46-52.

张家华，2020-07-31. 成德眉资共建产业生态圈、创新共同体打造引领西部高质量发展的强劲极核［N］. 成都日报.

张浩然，衣保中，2012. 城市群空间结构特征与经济绩效：来自中国的经

验证据 [J]. 经济评论 (1)：42-48.

张明斗，王雅莉，2018. 城市网络化发展的空间格局演变与结构体系研究 [J]. 城市发展研究，25 (2)：55-60.

曾鹏，陈芬，2013. 我国十大城市群等级规模结构特征比较研究 [J]. 科技进步与对策，30 (5)：42-46.

张倪，2020. 都市圈和城市群建设将成为中国经济增长最大潜能 [J]. 中国发展观察 (Z5)：11-12，15.

张芮琪，蓝玉良，戴宁益，等，2014. 成渝城市群产业结构的发展研究 [J]. 现代经济信息 (15)：445-447，449.

张庭伟，2001. 1990 年代中国城市空间结构的变化及其动力机制 [J]. 城市规划 (7)：7-14.

张渭武，2020. 基于知识互动视角的佛山市先进制造业协同创新研究 [J]. 中国市场 (32)：172-174.

张晓兰，2013. 东京和纽约都市圈经济发展的比较研究 [D]. 长春：吉林大学.

张新帅，黄寰，2019. 产业集聚对成渝城市群发展影响的思考 [J]. 决策咨询 (2)：37-40.

张艳，2018. 新时代中国特色绿色发展的经济机理、效率评价与路径选择研究 [D]. 西安：西北大学.

张云飞，2014. 城市群内产业集聚与经济增长关系的实证研究：基于面板数据的分析 [J]. 经济地理，34 (1)：108-113.

赵渺希，2011. 长三角区域的网络交互作用与空间结构演化 [J]. 地理研究 (2)：311-323.

赵明亮，2015. 新常态下中国产业协调发展路径：基于产业关联视角的研究 [J]. 东岳论丛 (2)：123-129.

赵倩倩，2019. 深度解析"一干多支、五区协同"区域发展新格局：专访四川省发改委副主任邓长金 [J]. 四川省情 (11)：12-16.

赵仁康，许正宁，2010. 城市空间结构重组的产业动力机制 [J]. 西南民族大学学报 (人文社科版)，31 (4)：146-150.

赵瑞丽，尹翔硕，孙楚仁，2019. 大城市的低加成率之谜：集聚效应和竞争效应 [J]. 世界经济，42 (4)：149-173.

赵映慧，李佳谣，郭晶鹏，2017. 基于百度指数的成渝城市群网络联系格局研究 [J]. 地域研究与开发，36 (4)：55-59.

赵勇，魏后凯，2015. 政府干预、城市群空间功能分工与地区差距：兼论中国区域政策的有效性［J］. 管理世界（8）：14-29，187.

赵梓渝，2018. 基于大数据的中国人口迁徙空间格局及其对城镇化影响研究［D］. 长春：吉林大学.

林岗，王一鸣，马晓河，等. 中国经济改革与发展研究报告：经济增长新动力选择［M］. 北京：中国人民大学出版社，2017.

中共中央马克思恩格斯列宁斯大林著作编译局，1979. 马克思恩格斯全集：第一卷［M］. 北京：人民出版社：607.

周宏浩，谷国锋，2021. 东北地区城市空间结构演进对环境影响的空间效应及门槛特征［J］. 经济地理，41（2）：62-71.

朱淑枝，夏银平，2001. 西部开发的重要支点：主导产业转型［J］. 中山大学学报（社会科学版）（3）：98-104.

ALONSO W，1973. Urban zero population growth［J］. Daedalus：191-206.

BAI J H，LU J Y，LI S J，2019. Fiscal pressure，tax competition and environmental pollution［J］. Environmental and Resource Economics，73（2）：431-447.

BARCA F，MCCANN P，POSE A R，2012. The case for regional development intervention：place-based versus place-neutral approaches［J］. Journal of Regional Science，52（1）：134-152.

BEHRENS K，DURANTON G，ROBERT-NICOUD F，2014. Productive cities：Sorting，Selection and Agglomeration［J］. Journal of Political Economy，122（3）：507-553.

CAMAGNI R，CAPELLO R，CARAGLIU A，2016. Static vs. dynamic agglomeration economies：spatial context and structural evolution behind urban growth［J］. Papers in Regional Science，95（1）：133-158.

CAMAGNI R P，SALONE C，1993. Network urban structures in northern Italy：elements for a theoretical framework［J］. Urban Studies，30（6）：1053-1064.

CAPELLO R，2000. The city network paradigm：measuring urban network externalities［J］. Urban Studies，37（11）：1925-1945.

CAPELLO R，CAMAGNI R，2000. Beyond optimal city size：an evaluation of alternative urban growth patterns［J］. Urban Studies，37（9）：1479-1496.

CHRISTALLER W，1966. Central places in southern Germany［M］. Englewood：Prentice-Hall.

DUNCAN O D，1965. Metropolis and region［M］. Baltimore：Johns Hopkins

Press.

DURANTON G, PUGA D, 2004. Micro-foundations of urban agglomeration economies [G] //HENDERSON J V, THISSE J F. Handbook of regional&urban economics : Volume 4. Amsterdam: North Holland Publishing Co: 2063-2117.

FINKA M, KLUVANKOVA T, 2015. Managing complexity of urban systems: a polycentric approach [J]. Land Use Policy, 42: 602-608.

FISHMAN R, 1990. America's new city [J]. The Wilson Quaterly (14): 24-48.

FRIEDMAN J R, 1966. Regional development policy: a case study of Venezuela [M]. Cambridge: MIT Press.

GEDDES P, 1915. Cities in evolution: an introduction to the town-planning movement and the study of cities [M]. London: Williams and Nor-gate.

GLAESER E L, KALLAL H D, SCHEINKMAN J A, et al., 1992. Growth in cities [J]. Journal of Political Economy, 100 (6), 1126-1152.

GOTTMANN J, 1957. Megalopolis or the urbanization of the northeastern seaboard [J]. Economic Geography, 33 (3): 189-200.

HARRIS C D, ULLMAN E L, 1945. The nature of cities [M] //MAYER H M, KOHN C F. Readings in Geography. Chicago: University of Chicago Press: 281-287.

HELSLEY R W, STRANGE W C, 1990. Matching and Agglomeration Economies in a System of Cites [J]. Regional Science and Urban Economics, 20 (2): 189-212.

HENDERSON J V, 1974. Optimum city size: the external diseconomy question [J]. Journal of Political Economy, 82 (2): 373-388.

HENDERSON V, KUNCORO A, TURNER M, 1995. Industrial development in cities [J]. Journalof Political Economy, 103 (5), 1067-1090.

HUANG Y, HONG T, MA T, 2020. Urban network externalities, agglomeration economies and urban economic growth [J]. Cities, 107: 1-15.

JOHN J, 1992. Eutnse view: Communications, Technology and society in the 21st century New York [M]. Johnson press: 58-65.

JOON-KYO SEO, 2009. Balanced national development strategies: The construction of Innovation Cities in Korea [J]. Land Use Policy, 26: 649-661.

KEEBLE D, NACHUM L, 2002. Why do business service firms cluster? Small consultancies, clustering and decentralization in London and southern England [J]. Transactions of the Institute of British Geographers, 27 (1): 67-90.

LEE B, GORDON P, 2011. Urban structure: its role in urban growth, net new business formation and industrial churn [J]. Région et Dévelopment, 33: 137-159.

LEE B, 2007. "Edge" or "edgeless" cities? Urban spatial structure in U. S. metrolitan areas, 1980 to 2000 [J]. Journal of Regional Science, 47 (3): 479-515.

MARTIJN B, MEIJERS E J, 2012. Form follows function? Linking morphological and functional polycentricity [J]. Urban studies, 49 (5): 1127-1149.

MCCANN P, ACS Z J, 2011. Globalization: countries, cities and multinationals [J]. Regional Studies, 45 (1): 17-32.

MEIJERS E J, 2013. Metropolitan labor productivity and urban spatial structure [J]. Springer Berlin Heidelberg (11): 141-166.

MEIJERS E J, BURGER M J, 2017. Stretching the concept of "borrowed size" [J]. Urban Studies, 54 (1): 269-29.

MEIJERS, E J, BURGER M J, HOOGERBRUGGE M M, 2016. Borrowing size in networks ofcities: city size, network connectivity and metropolitan functions in Europe [J]. Papers in Regional Science, 95 (1), 181-198.

NICLAS L, 2018. How does distance to urban centres influence necessity and opportunity based firm start-ups? [J]. Papers in Regional Science, 97 (4): 1279-1303.

OON-KYO SEO, 2009. Balanced national development strategies: The construction of Innovation Cities in Korea [J]. Land Use Policy, 26: 649-661.

ORTEGA A A, ACIELO J M A E, HERMIDA M C H, 2015. Mega-regions in the Philippines: accounting for special economic zones and global-local dynamics [J]. Cities, 48: 130-139.

PARR J B, 2004. The polycentric urban region: a closer inspection [J]. Regional Studies, 38 (3): 231-240.

RANDOLPH R, 2019. Regional development policies and the challenge to reduce spatial inequalities in Brazil [J]. Area Development & Policy, 4 (3): 271-283.

SHEPHERD J M, 2006. Evidence of urban induced precipitation variability in arid climate regimes [J]. Journal of Arid Environments, 4 (67): 607-628.

ZHOU YIXING, 1988. Definition of Urban Place and Statistical Standards of Urban Population in China: Problem and Solution [J]. Asian Geography, 7 (1): 12-18.